Jürgen Gauer

Du hältst deine Hand über mir

Jürgen Gauer

Du hältst deine Hand über mir

Gottesdienste mit Demenzkranken

Patmos

Bibliografische Information der Deutschen Nationalbibliothek

Die Deutsche Nationalbibliothek verzeichnet diese Publikation in der Deutschen Nationalbibliografie; detaillierte bibliografische Daten sind im Internet über http://dnb.d-nb.de abrufbar.

Umschlaggestaltung: init . Büro für Gestaltung, Bielelfeld
Umschlagfoto: © Charles Krebs/CORBIS
Printed in Germany
ISBN 978-3-491-70424-4
www.patmos.de

Inhalt

Vorwort

»Erinnerungen sind die Paradiese, aus denen man nicht vertrieben werden kann.« – Seitdem ich in der Alten(heim)seelsorge tätig bin, hat dieser Satz von Jean Paul für mich Abrieb bekommen. Ich weiß jetzt: dieser Satz ist in sich nicht mehr stimmig. Erinnerungen können sehr wohl verdunsten, können rosten, können zum Torso, können zur Ruine werden, können dem eigenen Denken und Nach-denken entzogen werden. Es gibt für Erinnerungsparadiese keine demenzfreien Zonen. Es ist – vor allem im hohen Alter – nicht selbstverständlich, seine Erinnerungen ›im Griff‹ zu haben, Zugriff auf sie zu haben.

Allerdings gilt es zu beachten: Obwohl neben der genetischen Disposition das Alter als Hauptrisiko einer Demenzerkrankung gilt, ist Demenz keine zwangsläufige Alterserscheinung. Sie ist vielmehr »die Folge von Erkrankungen, die direkt das Gehirn betreffen oder indirekt, durch Beeinträchtigung des Stoffwechsels, schlechte Energieversorgung oder Vergiftung, zu einer erheblichen und anhaltenden Störung seiner Funktion durch Absterben von Nervenzellen führen.«[1]

Demenz – die Geißel des 21. Jahrhunderts? Die Zeitbombe, die im Kopf jedes Menschen tickt? Die Erkrankung, von der viele Mediziner glauben, dass wir sie nur dann nicht erleben, wenn wir vor deren Erleben ableben? Die Krankheit, die wie eine Krake ihre Greifarme ausstreckt – nach ›no names‹ ebenso wie nach Persönlichkeiten des öffentlichen Lebens. Ich nenne hier beispielhaft Namen wie Walter Jens, Ronald Reagan oder Helmut Zacharias.

Dabei gilt es für mich vor allem anderen festzuhalten, dass »der demenziell erkrankte Mensch mehr ist als seine Krankheit. In erster Linie ist er/sie Mensch. Bei der Beschäftigung mit dem, was demenziell erkrankte Menschen auszeichnet, geht es also nicht um die Demenz selbst, sondern um den demenziell erkrankten Menschen, denn seelsorgerliche Begleitung wendet sich Menschen zu, nicht Krankheitsbildern.«[2]

Und der Mensch, jeder Mensch, ist geadelt mit den Insignien der Liebe Gottes. Er ist ausgestattet mit einer unverlierbaren Würde. Er ist Gefäß der Liebe Gottes. Widerleuchtender seiner Gnade. Träger seines Segens. Versehen mit einem göttlichen Prägestempel. Und »weil der Mensch in

seinem Bejaht- und Anerkanntsein durch Gott Person ist, kann ihn niemand, kann auch er selbst sich nicht zur Unperson machen.«[3]
Als Geschöpf des Schöpfers ist der Mensch Gottes Ebenbild. Er ist – auch unter den Bedingungen von Krankheit und Leid, von Not und Tod – einzigartig, kostbar, unersetzbar. Er ist ein Abbild Gottes, da Gottes Bild in jeden Menschen eingeseelt ist. Eingraviert. Eingegossen. Für immer und auf ewig. Ohne Verfallsdatum. Jeder Mensch, auch der demenziell erkrankte Mensch, ist ein einzigartiger Liebesgedanke im Herzen Gottes, uns ans Herz gelegt, ihn zu lieben, ihn zu begleiten, ihn wertzuschätzen, ihn zu pflegen. Für ihn da zu sein. Ihm nah zu sein. Seinem Leben Würde zu geben – bis zuletzt. Und das in der Hoffnung, dass wir als Seelsorger, als PflegerInnen oder als (pflegende) Angehörige die Bruchstücke und Fragmente jedes Lebens, auch des demenziell Erkrankten, Gott übergeben dürfen in dem Vertrauen, dass alle Lebenssplitter, alle Lebensscherben, alle Lebensbaustellen einst von Gott zu einer Einheit zusammengefügt werden. Treffender hat dies Blaise Pascal einmal so formuliert: »Es ist nicht auszudenken, was Gott aus den Bruchstücken unseres Lebens machen kann, wenn wir sie ihm ganz überlassen.« Die Bibel sagt das so: *Am Ende wird Gott abwischen alle Tränen und der Tod wird nicht mehr sein, noch Leid noch Geschrei noch Schmerz; denn das Erste ist vergangen* (Offenbarung 21,4). Welch ein Trost. Welch eine Hoffnung. Auch für die Menschen, die mit Demenzerkrankten leben, sie begleiten, sie pflegen.
Denn der demenzkranke Mensch ist allein nicht mehr in der Lage, die Puzzleteile seines Lebens zusammenzufügen, zusammenzuordnen, zusammenzuhängen. Er vermag eben nicht mehr in Zusammenhängen zu denken, zu planen, zu reagieren. Gedächtnisstörungen (kognitive Defizite) treten auf, Wortfindungsstörungen (Aphasie), Handfertigkeitsstörungen (Apraxie) und Erkennungsstörungen (Agnosie). Seine Wahrnehmung der Welt wird progressiv immer begrenzter. Der Demenzkranke schafft es in einer fortgeschrittenen Krankheitsphase nicht mehr, sich zeitlich und räumlich zu orientieren. Für seine Gedanken gibt es ab einem gewissen Stadium nur noch einen Paternoster zurück, in die Vergangenheit. Eine Zukunft gibt es nicht mehr. Leben geschieht in getakteten Augenblicken. Seine eigene Welt wird zusehends löchriger, lückenhafter, holpriger, brüchiger. Sie wird ver-rückt. Irgendwann kann der demenzkranke Mensch seinen Alltag nicht mehr alleine bewältigen.

Körperfunktionen sind nicht mehr kontrollierbar. Rückzugstendenzen verstärken sich. Depressionen kommen hinzu. Verlustängste. Und Aggressionen. Es treten bisweilen heftige Gefühlsschwankungen auf. Soziale Kanäle versanden. Der Schlaf-Wach-Rhythmus ist gestört und vieles andere mehr. Doch ungeachtet dieser und weiterer Hilflosigkeiten werden demenziell erkrankte Menschen »nicht zu Babys, sondern bleiben erwachsene Persönlichkeiten und müssen als solche behandelt werden. Sie brauchen bis zum Tod die Nähe anderer Menschen, körperliche Berührung, Zärtlichkeit und Gespräche (auch wenn sie nichts zu verstehen scheinen)«.[4]

Doch trotz aller krankheitsbedingter Einschränkungen und Veränderungen hat der demenziell erkrankte Mensch – vor allem in den ersten Stadien der Krankheit – noch Teile in seinem Lebenspuzzle, an die er und andere anknüpfen können. Hierzu gehört zum Beispiel, neben dem Zugang zu Tieren oder zur Musik, das Puzzleteil ›Glaube‹. Und Glaube meint ja nicht ein intellektuelles Durchdringen von Wahrheiten oder ein Übernehmen von traditionellen kirchlichen Normen; nein, Glaube meint ganz schlicht und einfach: Vertrauen haben. Vertrauen haben in Gott und seine Liebe.

Gottesdienst kann dem Demenzkranken dieses Vertrauen vermitteln, erleben lassen, sodass dieser spürt: es ist wohltuend in einer Kirche, in einer mir von früher vertrauten Umgebung zu sein. Ja, der Demenzkranke spürt im und durch den Gottesdienst: es tut gut zu beten und es ist schön zu singen. Er spürt: es ist wunderbar, die Klänge der Orgel zu hören und die Kerzen auf dem Altar zu sehen. Er spürt: hier in der Kirche ist eine Atmosphäre der Ruhe, der Stille, des Friedens. Er spürt: hier bin ich Gott nahe; dem Gott, dessen Sohn gesagt hat: Kommt her zu mir alle, die ihr mühselig und beladen seid. Er spürt: hier höre ich Worte der Bibel, Worte des Glaubens, der Hoffnung, der Liebe. Er spürt: hier werden Texte, Gebete gesprochen, wie der Psalm 23 oder das Vaterunser, wo ich mitreden kann. Er spürt: hier bin ich angenommen durch Menschen und durch Gott trotz vermeintlicher Schwächen, Ermattungen, Defizite. Er spürt: hier darf ich sein, wer ich bin: ein Kind Gottes und ein Bruder/eine Schwester der Menschen.

Es ist für mich immer wieder eine frohmachende, eine geradezu himmlische Erfahrung zu erleben, wie intensiv sich demenziell erkrankte Menschen verwoben fühlen in das gottesdienstliche Geschehen, in seine

Dramaturgie, in seine Liturgie. Wie sie innerhalb des Gottesdienstes und seiner liturgischen Teile immer wieder präsent sind, zum Beispiel durch das Mitbeten und das Mitsingen von vertrauten Gebeten und Liedern. Durch den Klang der Glocken. Durch die besondere Atmosphäre des Kirchraums. Oder durch das Blättern in einem Gesangbuch. Ich erlebe: demenziell erkrankte Menschen sind sehr offen für heilige Momente, für begnadete Augenblicke, für Seelenwohlfühlerfahrungen.

Nie vergesse ich meinen ersten Gottesdienst im Adolf-Clarenbach-Haus, einem Altenheim in Soest. An dem Gottesdienst nahm eine 103-jährige demente Bewohnerin teil, die ihren Kopf unter einem breiten Stricktuch verborgen hatte und seit Beginn des Gottesdienstes zu schlafen schien. Doch schon bei den ersten Worten des 23. Psalms und bei den Paul Gerhardt-Liedern schob sie ihr Stricktuch vom Kopf, sprach den Psalm komplett mit und sang auswendig alle Strophen der Lieder. Welch ein Geschenk für mich, das zu erleben. Zu spüren, ein spirituelles Andocken ist selbst in diesem Alter, bei dieser Krankheit möglich, wird als Seelenlabsal empfunden, als kostbarer, heiliger, spiritueller Augenblick. Seither gilt für mich die Überzeugung: »Kein Mensch vermag zu beurteilen, ob der nicht mehr reaktionsfähige Demenzkranke nicht gerade auf der geistlichen Ebene bis zuletzt empfänglich bleibt.«[5]

Wichtig für die gottesdienstliche Feier ist, dass die Predigten kurz und anschaulich sind, und nach Möglichkeit mit vertrauten Bildern oder Gegenständen arbeiten, die den demenziell erkrankten Menschen auch in ihrem Alltag begegnen. »Gesteigert werden kann dieser Effekt noch durch den Einsatz taktiler Möglichkeiten. Der Zugang zu Gegenständen wird verstärkt, wenn diese angefasst oder betastet werden können.«[6] Zur Predigt sei weiterhin angemerkt, dass es – im Hinblick auf die Gesamtdramaturgie des Gottesdienstes – nicht so wichtig ist, ob die dementen BesucherInnen jeden Satz der Predigt verstehen. »Es kommt auf den Gottesdienst als Ganzes an.«[7] Denn Gottesdienst ist ja mehr als Predigt. Gottesdienst ist eine Gesamtkomposition, ist ein Mosaik aus Stille und Musik, aus Reden und Hören, aus Schauen und Fühlen, aus Stimmen und Stimmung, aus Gottes Wort und menschlicher Antwort, aus Mittun und An-sich-geschehen-lassen, aus gemeinsamem Singen und persönlichem Beten, aus Licht und Klang, aus Staunen und Dankbarkeit, aus Angesprochensein und Zugesprochenwerden.

Wichtig in diesem Zusammenhang ist, dass der Inhalt des Gottesdienstes und der Predigt Anknüpfungspunkte zur Lebenssituation der Mitfeiernden hat und dass der Gottesdienst Raum für sinnhafte Erfahrungen lässt (Zeigen bzw. Betasten von Symbolen, Riechen an Blumen, Spüren von Wasser etc.). Gerade das anschauliche und handgreifliche Erleben dessen, was Glaube für unser Leben bedeutet, schafft für die demenziell erkrankten Gottesdienstbesucher ein Gefühl von Angenommensein, von Ernstgenommenwerden, von Beteiligtsein. Lieder, Psalmen und Gebete und andere Texte sollen an Altvertrautes anknüpfen (z. B. Paul Gerhardt-Lieder; Psalm 23, 91, 103; Vaterunser, Von guten Mächten; Gedichte, die man früher kannte). Das verschafft manchem demenziell Erkrankten ›Aha-Erlebnisse‹, weil er diese Texte und Melodien kennt, weil er sie wiedererkennt, weil er sie mitbeten, mitsingen kann. Die Liedvorschläge beziehen sich auf das Evangelische Gesangbuch (EG) sowie das Gotteslob (GL). Insgesamt ist es für die Gottesdienste von großer Bedeutung, dass sie eine vertraute Struktur (Liturgie) aufweisen, die den Teilnehmern – inmitten der zerfallenden Strukturen ihrer Welt – Sicherheit und Halt gibt.

Da Demenzkranke häufig einen sogenannten Tunnelblick (Geradeaus-Blickfeld, meist nach unten gerichtet) haben, ist es hilfreich, dass sie nicht seitlich oder im Kreis zum Altar und zum Liturgen sitzen, da sie dann kaum etwas erkennen können; am besten ist die ganz normale frontale Kirchenbanksituation. Die Gottesdienste dürfen nicht zu lang sein (max. 20–30 Minuten). Der Schmuck im Kirchenraum sollte das gottesdienstliche Thema unterstützen (z. B. Erntekrone, Blumen). Ganz wichtig ist mir, dass während des Gottesdienstes Raum ist für Reaktionen und auch für Unruhesituationen unter den Mitfeiernden. Der Gottesdienst soll als Schutzraum erfahren werden, wo ich vor Gott und vor anderen Menschen so sein darf, wie ich bin – mit all meiner Freude und all meinen Schmetterlingen im Bauch, mit all meiner Seelenlast und all meiner Lebenslust, mit meinem Bedürfnis nach Stille und mit all meinem Bewegungsdrang.

In meinen Augen ist es für das Gelingen eines Gottesdienstes mit demenziell erkrankten Menschen zudem von entscheidender Bedeutung, dass die Botschaft, die wir als Pfarrer/Seelsorger zu verkünden haben, sich auch in unserer inneren und äußeren Haltung gegenüber den Menschen, mit denen wir Gottesdienst feiern, ausdrückt. Dass wir sie als von Gott geliebte Menschen ernst nehmen, dass wir sie als Menschengeschwister annehmen, dass wir sie schätzen und wertschätzen, dass wir ihnen offen, herzlich, liebevoll begegnen. Man kann schließlich vom Gott der Liebe und von der frohen Botschaft nicht ›lieblos‹ reden, distanziert, reserviert. Gottesdienste mit demenziell erkrankten Menschen sind – wie alle Gottesdienste – Herzenssache, Frohmachereignisse. Sie sind Trost- und Vergebungsoasen. Segenstankstellen. Gemeinschaftsquellen. Einspeisungen Gottes für unser Leben und Lieben, für unser Denken und Danken, unser Beten und Bitten. Zu einer wertschätzenden Liturgie gehören für mich auch die persönliche Begrüßung bzw. Verabschiedung jedes Gottesdienstbesuchers.

Die in diesem Buch abgedruckten Entwürfe – alle in ökumenischer Weite gestaltet – haben ihre Feuertaufe in der Praxis erfahren, sowohl im Rahmen von Altenheimgottesdiensten als auch in öffentlichen Gottesdiensten für demenziell erkrankte Menschen. (Es gibt in Soest regelmäßige Gottesdienste für Menschen mit Demenz. Entstanden sind diese Gottesdienste aus einer Allianz zwischen den ev. und kath. Gemeinden zusammen mit der örtlichen Alzheimer Gesellschaft.) Das impliziert auch, dass es nicht ausschließlich Gottesdienste für Menschen mit Demenz sind, da sowohl in den Altenheimen als auch in den Gemeindekirchen der Kreis der Gottesdienstbesucher über den der demenziell Erkrankten hinausgeht. Mitfeiernde sind auch Angehörige, Pfleger, BetreuerInnen, Mitarbeiter der sozialen Dienste in Altenheimen, Gemeindemitglieder, Ehrenamtliche (z. B. Grüne Damen). Dies ist nicht nur schön, sondern für den Liturgen auch sehr entlastend zu wissen: Wenn während eines Gottesdienstes jemand Betreuung oder Hilfe braucht, ist gesichert, dass jemand für diesen Menschen da ist, der ihn versteht, der ihm zur Seite steht, der mit ihm geht.
In der Regel gehören zum Kreis der demenzkranken Gottesdienstbesucher Menschen im Anfangs- und im mittleren Stadium einer Demenz. Je nach gottesdienstlicher Situation und nach der Befindlichkeit der Mitfeiernden habe ich bisweilen im gottesdienstlichen Vollzug auch Textteile ad hoc verschlankt, Liedstrophen weggelassen oder Symbole in gestraffter Form eingeführt, wenn ich selbst das Gefühl hatte oder von Gottesdienstbesuchern vermittelt bekam: es wird mir zu lang; Texte sind zu schwer verdaulich; Lieder zu unbekannt. Letztlich decken sich hier meine Erfahrungen mit einer Erkenntnis, die Felizitas Muntanjohl in

einem Vortragsskript so formuliert hat: »Mit dementen Menschen Gottesdienst zu feiern ist ein Abenteuer. Man weiß nie, wie der geplante Gottesdienst tatsächlich ablaufen wird. Darum kann man ihn nicht ›können‹ so wie man andere Handlungsabläufe lernen und beherrschen kann. Man kann ihn planen – und es ist auch wichtig, dies zu tun. Aber die Kunst besteht darin, trotz aller Planung mit Überraschungen zu rechnen, diese Gruppe von Besuchern als ganz besonders ausgeprägte originelle Menschen wahrzunehmen, zu mögen und dann mit ihnen gemeinsam einen lebendigen, ungewöhnlichen Gottesdienst zu feiern.«[8]

Mir bleibt der Wunsch, dass mein Buch einen kleinen Beitrag dazu leisten kann, dass die stetig wachsende Zahl demenzkranker Menschen aus ihren vielfachen Tabuzonen heraus verstärkt ins gesellschaftliche Bewusstsein gerät ebenso wie in den Blickpunkt kirchlicher Arbeit, seelsorglicher Begleitung und gottesdienstlicher Gestaltung, sei es in Altenheimen oder in den Kirchengemeinden. Denn gerade der Gottesdienst bietet den demenziell Erkrankten (und ihren Angehörigen) wieder die Möglichkeit, Zugang zu einem in früheren Jahren häufig praktizierten Ritual zu finden, das oftmals durch die Demenzerkrankung nicht mehr gelebt werden konnte.
Lassen Sie mich schließen mit einem verlockend schönen, humorvollen Gebet von Elise MacLay:
»Herr, Gott, du und ich, wir haben ein Geheimnis. Das Altwerden bringt einiges mit sich, was Spaß macht. Wir müssen uns nicht mehr von der Welt plagen lassen. Die Leute übersehen uns. Wir brauchen nicht mehr den Schein zu wahren, sondern können auf kindliche Freuden zurückgreifen: Zusehen, wie eine Spinne ihr Netz webt. Vor einem Licht Schattenbilder an die Wand werfen. Statt einer Hauptmahlzeit Kompott mit Sahne essen. Die ganze Nacht wach bleiben. Sterne zählen. Trödeln. Zu Hause bleiben und mit einem alten Freund Schach spielen. Einen verrückten Hut tragen. – Warum hast du mir nicht verraten, dass das Altwerden neben allem, was ich daran hasse, auch manches Vergnügen mit sich bringt? Ach, ich weiß: Weil ich es nie geglaubt hätte.«[9]

Jürgen Gauer

Advent – Macht hoch die Tür

Vorbemerkung
Entsprechend der erwarteten Besucherzahl werden ein bzw. mehrere große Bild-Adventskalender für die Ansprache benötigt (jeweils ein Kalender mit 24 Türchen für 24 Besucher). Des Weiteren habe ich mir aus dem Internet einige Kalenderbilder aus historischen Adventskalendern kopiert und vergrößert ausgedruckt (Motive wie z. B. Stern, Lebkuchenpferd, Stutenkerl, Kerze, Krippendarstellung). Diese Motive werden im Verlauf der Ansprache gezeigt.

Begrüßung

Liebe Gemeinde!
Jetzt ist sie endlich wieder da: die Adventszeit. Diese schönen Wochen vor Weihnachten. Mit dem Licht vieler Kerzen. Mit dem Geruch nach Zimt und Spekulatius. Den geschmückten Tannenzweigen. Den stimmungsvollen Liedern und Gottesdiensten.
Seit Kindertagen zieht uns die Adventszeit in ihren Bann. Man saß mit der ganzen Familie an den Adventssonntagen zusammen. Hörte Geschichten und Gedichte. Es wurde zusammen gesungen. Die ersten selbstgebackenen Weihnachtsplätzchen kamen auf den Tisch. Manchmal auch ein Stück Stollen. Nüsse wurden geknackt. Die Kerzen am Adventskranz angezündet. Es wurde gemeinsam gebastelt: Strohsterne, Ketten aus Goldpapier, kleine Transparente. Irgendwie war die Adventszeit immer eine ganz besonders schöne Zeit im Jahr: besonders heimelig, besonders gemütlich, besonders stimmungsvoll.
Advent – das war auch eine Zeit des Wartens und der Vorfreude auf Weihnachten. Und manches Mal wurde unsere Geduld ganz schön strapaziert. Man zählte als Kind die Tage bis Weihnachten. Konnte es kaum erwarten, dass das Christkind endlich kam und die erhofften Geschenke brachte. Ein bekanntes Gedicht bringt das zum Ausdruck. Sie kennen es alle. Sie können es gerne mitsprechen. Es lautet:

Advent, Advent,
ein Lichtlein brennt.
Erst eins, dann zwei, dann drei, dann vier,
dann steht das Christkind vor der Tür.

Liebe Gemeinde! Ich freue mich, dass Sie heute Morgen hierher gekommen sind. Wir wollen gemeinsam in der schön geschmückten Kirche Advent feiern. Wir wollen die altvertrauten Lieder miteinander singen. Wir wollen unsere Gebete vor Gott bringen. Wir wollen unser Herz für Gottes Wort öffnen. ER ist bei uns. ER segnet uns diese adventliche halbe Stunde in der Kirche. Er erfüllt unsere Ruhe und unsere Unruhe mit seinem Geist der Liebe.

Lied: O Heiland, reiß die Himmel auf (EG 7, 1-5; GL 105, 1-5)

1.
O Heiland, reiß die Himmel auf,
herab, herab vom Himmel lauf,
reiß ab vom Himmel Tor und Tür,
reiß ab, wo Schloss und Riegel für.

2.
O Gott, ein' Tau vom Himmel gieß,
im Tau herab, o Heiland, fließ.
Ihr Wolken, brecht und regnet aus
den König über Jakobs Haus.

3.
O Erd, schlag aus, schlag aus, o Erd,
dass Berg und Tal grün alles werd.
O Erd, herfür dies Blümlein bring,
o Heiland, aus der Erden spring.

4.
Wo bleibst du, Trost der ganzen Welt,
darauf sie all ihr Hoffnung stellt?
O komm, ach komm vom höchsten Saal,
komm, tröst uns hier im Jammertal.

5.
O klare Sonn, du schöner Stern,
dich wollten wir anschauen gern;
o Sonn, geh auf, ohn deinen Schein
in Finsternis wir alle sein.

(Text: Friedrich Spee 1622)

Psalm 24, 7-10

Machet die Tore weit und die Türen in der Welt hoch,
dass der König der Ehre einziehe!
Wer ist der König der Ehre?
Es ist der Herr, stark und mächtig,
der Herr, mächtig im Streit.
Machet die Tore weit und die Türen in der Welt hoch,
dass der König der Ehre einziehe!
Wer ist der König der Ehre?
Es ist der Herr Zebaoth; er ist der König der Ehre.

Ehr sei dem Vater und dem Sohn und dem Heiligen Geist, wie es war im Anfang, jetzt und immerdar und von Ewigkeit zu Ewigkeit. Amen.

[Liturgischer Gesang, EG 177]

Gebet

Wir spüren Gottes Segen
nun wieder im Advent.
Auf unsern dunklen Wegen
ein helles Licht uns brennt.
Wir spüren Gottes Segen
an jedem Tage neu.
Gott kommt uns selbst entgegen,
das macht uns froh und frei.

Er will uns Menschen führen,
es strahlt des Sternes Schein.
Gott öffnet Tor und Türen
und lädt uns alle ein.

(Barbara Cratzius, Gebet – Wir spüren Gottes Segen. © Hartmut Cratzius)

Lied: Macht hoch die Tür (EG 1, 1-2+5; GL 107, 1-2+5)

1.
Macht hoch die Tür, die Tor macht weit;
es kommt der Herr der Herrlichkeit,
ein König aller Königreich,
ein Heiland aller Welt zugleich,
der Heil und Leben mit sich bringt;
derhalben jauchzt, mit Freuden singt:
Gelobet sei mein Gott,
mein Schöpfer reich von Rat.

2.
Er ist gerecht, ein Helfer wert;
Sanftmütigkeit ist sein Gefährt,
sein Königskron ist Heiligkeit,
sein Zepter ist Barmherzigkeit;
all unsre Not zum End er bringt,
derhalben jauchzt, mit Freuden singt:
Gelobet sei mein Gott,
mein Heiland groß von Tat.

5.
Komm, o mein Heiland Jesu Christ,
meins Herzens Tür dir offen ist.
Ach zieh mit deiner Gnade ein;
dein Freundlichkeit auch uns erschein.
Dein Heilger Geist uns führ und leit
den Weg zur ewgen Seligkeit.
Dem Namen dein, o Herr,
sei ewig Preis und Ehr.

(Text: Georg Weissel (1623) 1642)

Ansprache

Liebe Gemeinde!
Gerade haben wir das Adventslied *Macht hoch die Tür* gesungen. Die Tür ist ein schönes Bild für Gottes Advent, für seine Ankunft in der Welt. Und vielleicht war es ja in Ihrer Kindheit ähnlich wie bei mir: Da habe ich jeden Tag ein Türchen aufgemacht. *[Großen Adventskalender zeigen.]* Ein Türchen am Adventskalender. Das erste Türchen wurde am 1. Dezember geöffnet. Das letzte am Heiligen Abend, am 24. Dezember. Hinter jeder Tür wartete als kleines Geheimnis ein weihnachtliches Bild: ein Stern oder ein Lebkuchenpferd, ein Stutenkerl oder eine Kerze. *[Einige vergrößerte Bilder aus einem historischen Adventskalender mit entsprechenden Motiven zeigen.]* Und dann das schönste Türchen. Das

Türchen vom Heiligen Abend: Dahinter war ein Bild von der Geburt Jesu im Stall zu sehen. *[Vergrößertes Krippenbild aus einem historischen Adventskalender zeigen.]*
Als Kind war mir mein Adventskalender ein vertrauter Begleiter durch die Adventszeit. Kein Tag, an dem ich nicht schon vor dem Frühstück das Türchen auf dem Kalender suchte und öffnete. Jeder von Ihnen kann jetzt auch ein Türchen am Adventskalender öffnen. Schauen, was für ein kleines Geheimnis sich hinter ›seinem‹ Türchen verbirgt.

[Pfarrer geht mit dem/den Adventskalender(n) zu den Gottesdienstbesuchern. Jeder darf ein Türchen am Kalender öffnen. Der Pfarrer nennt dann für alle das jeweilige Motiv.]

Liebe Gemeinde! Wir feiern Advent. Wir freuen uns darüber, dass Gott sozusagen die Tür hoch gemacht hat. Dass er die Himmelstür geöffnet hat. Dass er den Himmel verlassen hat. Wir feiern Advent, weil Gott in seinem Sohn Jesus Christus auf die Erde gekommen ist. Ein bekannter Gesangbuchvers (EG 27,1) sagt das so:

Lobt Gott, ihr Christen alle gleich,
in seinem höchsten Thron,
der heut schließt auf sein Himmelreich
und schenkt uns seinen Sohn,
und schenkt uns seinen Sohn.

Liebe Gemeinde! Seit Gott die Himmelstür aufgeschlossen hat, seit der Geburt seines Sohnes, können wir uns ein richtig gutes Bild von Gott machen. Denn an seinem Sohn Jesus Christus können wir ablesen, wer Gott ist und was Gottes Liebe meint.
Denn Jesus ging ja später auf die Menschen zu und hörte ihnen zu und sagte ihnen Gutes zu: gute Nachrichten, frohe Botschaften von Gott. Er sagte den Menschen: »*Kommt her zu mir, alle, die ihr mühselig und beladen seid; ich will euch erquicken.*« Oder: »*Selig sind die Friedfertigen, denn sie werden Gottes Kinder heißen.*« Und die Menschen, die Jesu Worte hörten, spürten: Jesu Worte sind einfach göttlich. Jesu Worte sind himmlisch. Sie bringen Gottes Wort ins Menschenohr.
Und Jesus redete nicht nur zu den Menschen vom Gott der Liebe, er

zeigte ihnen auch, was Gottes Liebe bewirkt: Der blinde Bartimäus konnte wieder sehen. Der Gelähmte konnte wieder gehen. Jesus konnte aus dem Grab auferstehen. Und die Menschen, die Jesu Taten erlebten, spürten: Wo die Liebe, wo Gottes Liebe mit im Spiel ist, da öffnet sich eine Tür, da ereignet sich ein Stück Himmel auf Erden. Da wird es Advent.

Liebe Gemeinde! Bleibt die Frage: Wie kann es heute auf Erden, wie kann es in uns Advent werden? Die Antwort ist ganz einfach. Advent wird es, wenn wir nicht nur eine Tür im Adventskalender öffnen *[Noch einmal den Adventskalender zeigen.]*, sondern indem wir unsere Herzenstür für Gottes Wort öffnen. In einer Strophe des Liedes *Macht hoch die Tür* (EG 1,5; GL 107,5), die wir vorhin schon gesungen haben, heißt das so:

Komm, o mein Heiland Jesu Christ, meins Herzens Tür dir offen ist.
Ach zieh mit deiner Gnade ein; dein Freundlichkeit auch uns erschein.
Dein Heilger Geist uns führ und leit den Weg zur ewgen Seligkeit.
Dem Namen dein, o Herr, sei ewig Preis und Ehr.

Amen.

Lied: Es kommt ein Schiff geladen (EG 8, 1-6; GL 114, 1-6)

1.
Es kommt ein Schiff, geladen
bis an sein' höchsten Bord,
trägt Gottes Sohn voll Gnaden,
des Vaters ewigs Wort.

2.
Das Schiff geht still im Triebe,
es trägt ein teure Last;
das Segel ist die Liebe,
der Heilig Geist der Mast.

3.
Der Anker haft' auf Erden,
da ist das Schiff am Land.
Das Wort will Fleisch uns werden,
der Sohn ist uns gesandt.

4.
Zu Betlehem geboren
im Stall ein Kindelein,
gibt sich für uns verloren;
gelobet muss es sein.

5.
Und wer dies Kind mit Freuden
umfangen, küssen will,
muss vorher mit ihm leiden
groß Pein und Marter viel,

6.
danach mit ihm auch sterben
und geistlich auferstehn,
das ewig Leben erben,
wie an ihm ist geschehn.

(Text: Daniel Sudermann um 1626)

Fürbittengebet

Herr, mein Gott.
Es ist schön, Advent zu feiern. Alle Jahre wieder.
Wir bitten dich, Gott:
Komm in unsere Welt.
Komm zu den jungen und zu den alten Menschen.
Komm zu den kranken und zu den gesunden Menschen.
Komm zu den glaubenden und zu den zweifelnden Menschen.
Gott, komm auch zu uns.
Senke deine Worte der Liebe tief in unser Herz hinein.
Schenke Vergebung, wo Schuld Menschen voneinander trennt.
Hilf Streit und Feindschaft unter Menschen zu beenden.
Tröste die Menschen, die traurig sind und niedergedrückt.
Gib, das Gerechtigkeit und Friede überall auf der Erde wachsen können.
Herr, öffne auch die Tür meines Herzens,
damit ich ein Werkzeug deiner Liebe sein kann.
Amen.

Vaterunser

Segen

Der Herr, unser Gott,
begleite uns durch diese Zeit des Advents
und lass sie für uns zu einer Zeit des Friedens und der Freude werden.
So geht mit und unter seinem Segen auf all euren Wegen. Amen.

Weihnachten – O Tannenbaum

Vorbemerkung
Für alle gut sichtbar steht im Altarraum ein Tannenbaum. Der Baum wird im Verlauf des Gottesdienstes mit Kerzen, Christrosen und Strohsternen geschmückt. In diesem Gottesdienst wird viel gesungen, da gerade die Weihnachtslieder sich mit vielen weihnachtlichen Erinnerungen verbinden. Zudem gehören die Weihnachtslieder zu weiten Teilen auch noch zum Erinnerungsschatz der meisten demenziell erkrankten Gottesdienstbesucher.

Begrüßung

Liebe Gemeinde!
Heute, am Tag nach dem Heiligen Abend, begrüße ich Sie alle sehr herzlich zu unserem weihnachtlichen Gottesdienst in der Kirche. Ihnen allen wünsche ich gesegnete und friedvolle und schöne Weihnachten. Möge sich in ihren Herzen – wie auch einst bei den Hirten – die große Freude ausbreiten, von der die frohe Botschaft der Engel spricht. Die Botschaft: *»Fürchtet euch nicht! Siehe, ich verkündige euch große Freude, die allem Volk widerfahren wird; denn euch ist heute der Heiland geboren.«*
Das Zeichen der Hirten damals in der Heiligen Nacht war das neugeborene Kind im Stall, in Windeln gewickelt und in einer Krippe liegend. Auch wir haben solche weihnachtliche Zeichen, zum Beispiel den Baum. Den Tannenbaum, der hier mitten im Altarraum steht. Frisch geschlagen und eingestielt.
Seit Jahrhunderten ist es Brauch, daheim in den Wohnungen und in den Kirchen Weihnachtsbäume aufzustellen. Der Grund liegt darin, dass Fichten und Tannen das ganze Jahr über grünen – egal ob im Sommer oder im Winter. Im Gegensatz zu anderen Bäumen, die ihre Blätter im Herbst abwerfen, verlieren sie ihre Nadeln nicht. Sie stehen das ganze Jahr über in ihrem wunderschönen grünen Kleid da. So sind die Tannenbäume mitten im Winter Zeichen des Lebens und der Hoffnung,

mitten in einer Zeit, in der ansonsten alles kahl und grau ist, in der die Natur im Schlaf, im Winterschlaf ist.
Wie Sie sehen: Unser Baum ist noch gar nicht geschmückt. Er ist ein Tannenbaum und noch kein Weihnachtsbaum. Das soll sich im Verlauf unseres Gottesdienstes ändern. Lassen Sie uns den Gottesdienst beginnen mit dem Lied *O Tannenbaum*.

Lied: O Tannenbaum

1.
O Tannenbaum, o Tannenbaum,
Wie treu sind deine Blätter!
Du grünst nicht nur zur Sommerzeit,
Nein, auch im Winter, wenn es schneit.
O Tannenbaum, o Tannenbaum,
Wie grün sind deine Blätter!

2.
O Tannenbaum, o Tannenbaum,
Du kannst mir sehr gefallen!
Wie oft hat schon zur Winterszeit
Ein Baum von dir mich hoch erfreut!
O Tannenbaum, o Tannenbaum,
Du kannst mir sehr gefallen!

3.
O Tannenbaum, o Tannenbaum,
Dein Kleid will mich was lehren:
Die Hoffnung und Beständigkeit
Gibt Mut und Kraft zu jeder Zeit!
O Tannenbaum, o Tannenbaum,
Dein Kleid will mich was lehren!

(Text: Ernst Anschütz 1824)

Psalm 96, 1-3

Singet dem Herrn ein neues Lied; singet dem Herrn, alle Welt!
Singet dem Herrn und lobet seinen Namen,
verkündet von Tag zu Tag sein Heil!
Erzählet unter den Heiden von seiner Herrlichkeit,
unter allen Völkern von seinen Wundern!

Ehr sei dem Vater und dem Sohn und dem Heiligen Geist, wie es war im Anfang, jetzt und immerdar und von Ewigkeit zu Ewigkeit. Amen.

Gebet

Herr, mein Gott. Wir feiern Weihnachten.
Das Fest der Freude, weil dein Sohn Jesus Christus geboren wurde.
Das Fest des Friedens, weil du Mensch geworden bist.

Gott, als äußere Zeichen unserer Freude
zünden wir Kerzen an und stellen Tannenbäume auf.
Sie zeigen uns: Du bist das Licht der Welt,
du bist die Hoffnung der Welt.
Lass beides – Freude und Hoffnung – auch auf unser Leben ausstrahlen,
damit wir beschenkt von deiner Liebe
Liebe an andere weiterschenken können.
Amen.

Lied: O du fröhliche

1.
O du fröhliche, o du selige,
gnadenbringende Weihnachtszeit!
Welt ging verloren, Christ ist geboren:
Freue, freue dich, o Christenheit!

2.
O du fröhliche, o du selige,
gnadenbringende Weihnachtszeit!
Christ ist erschienen, uns zu versühnen:
Freue, freue dich, o Christenheit!

3.
O du fröhliche, o du selige,
gnadenbringende Weihnachtszeit!
Himmlische Heere jauchzen dir Ehre:
Freue, freue dich, o Christenheit!

(Text: Str. 1 Johannes Daniel Falk (1816) 1819; Str. 2–3 Heinrich Holzschuher 1829)

Ansprache

Liebe Gemeinde!
Da steht er nun im Altarraum – unser Tannenbaum. Mit seinen majestätisch ausladenden Zweigen. Mit seiner herrlichen Baumspitze. In voller Pracht. Im grünen Kleide. Doch damit aus dem Tannenbaum ein richtig schöner Weihnachtsbaum wird, wollen wir ihn schmücken. *[Einige Kerzen werden von Helfern am Baum befestigt und angezündet.]*
Als erstes mit Kerzen. Denn einen Weihnachtsbaum ohne Kerzen – das können wir uns wohl kaum vorstellen. Die Kerzen sind sozusagen die Highlights, die Glanzlichter unseres Baumes. Sie zieren den Baum und erhellen den Raum mit ihrem warmen, glänzenden Licht.
Die Kerzen weisen uns hin auf Jesus Christus, der im Stall von Betlehem das Licht der Welt erblickte. Sie weisen uns hin auf Jesus Christus, der später von sich selbst sagte: »*Ich bin das Licht der Welt.*«
Schauen wir einen Augenblick in Ruhe auf die Kerzen an unserem Baum. Auf ihren Glanz. Auf ihr warmes Licht. Auf ihren hellen Schein. – Genießen wir die schöne Atmosphäre.

Lied: Am Weihnachtsbaum die Lichter brennen

1.
Am Weihnachtsbaum die Lichter brennen,
Wie glänzt er festlich, lieb und mild,
Als spräch' er: »Wollt in mir erkennen
Getreuer Hoffnung stilles Bild.«

2.
Die Kinder stehn mit hellen Blicken,
Das Auge lacht, es lacht das Herz,
O fröhlich, seliges Entzücken,
Die Alten schauen himmelwärts.

3.
Zwei Engel sind hereingetreten,
Kein Auge hat sie kommen sehn,
Sie gehn zum Weihnachtsbaum und beten
Und wenden wieder sich und gehn.

4.
»Gesegnet seid ihr alten Leute,
Gesegnet sei du kleine Schar!
Wir bringen Gottes Gaben heute
Dem braunen wie dem weißen Haar!«

(Text: Hermann Kletke 1841)

Liebe Gemeinde! Nach den Kerzen möchten wir unseren Baum mit wunderschönen Blumen schmücken – mit Christrosen. Wir geben jetzt durch jede Reihe eine Christrose, damit Sie sie noch einmal aus der Nähe anschauen können, bevor wir sie am Baum befestigen.

[Helfer gehen mit je einer Christrose durch die Reihen, während das Lied gesungen wird: Es ist ein Ros entsprungen. Danach werden die Blütenköpfe der Christrosen am Baum befestigt.]

Lied: Es ist ein Ros entsprungen (EG 30, 1-3; GL 132, 1-3)

1.
Es ist ein Ros entsprungen
aus einer Wurzel zart,
wie uns die Alten sungen,
von Jesse kam die Art
und hat ein Blümlein bracht
mitten im kalten Winter
wohl zu der halben Nacht.

2.
Das Blümlein, das ich meine,
davon Jesaja sagt,
hat uns gebracht alleine,
Marie, die reine Magd;
aus Gottes ewgem Rat
hat sie ein Kind geboren,
welches uns selig macht.

3.
Das Blümelein so kleine,
das duftet uns so süß;
mit seinem hellen Scheine
vertreibt's die Finsternis.
Wahr' Mensch und wahrer Gott,
hilft uns aus allem Leide,
rettet von Sünd und Tod.

(Text: Str. 1-2 Trier 1587/88; Str. 3 bei Friedrich Layriz 1844)

Zu den schönen Christrosen, die nun unseren Baum schmücken, gibt es eine alte Legende: In der Heiligen Nacht sprachen die Hirten untereinander: »Lasst uns nun gehen nach Betlehem und die Geschichte sehen, die da geschehen ist.«

Und sie machten sich eilends auf. Und jeder Hirte nahm für das Christkind ein Geschenk mit: einen Krug Milch, Wolle vom Schaf und ein warmes Lammfell. Nur ein Hirtenjunge hatte kein Geschenk. Vergeblich suchte er nach einem Blümchen. Er begann zu weinen, und die Tränen fielen auf die gefrorene Erde. Sogleich sprossen aus den Tränen Blumen hervor. Die trugen Blüten wie Rosen. Und die Blütenblätter standen zu einem Kelch zusammen. Und aus dem Kelch leuchtete ein Kranz von goldenen Staubgefäßen gleich einer Krone hervor.
Voll Freude pflückte der Knabe die Blumen und brachte sie dem göttlichen Kind in der Krippe. Das Jesuskind aber legte segnend das Händchen auf die Blume. Und seither blüht sie jedes Jahr in der Weihnachtszeit auf, und die Menschen nennen sie die Christrose.

Liebe Gemeinde! Jetzt sieht unser Baum noch ein Stückchen schöner aus mit den weißen Kerzen und den roten Christrosen. Aber ich finde, die Sterne fehlen noch. *[Strohsterne werden von Helfern an den Baum gehängt.]*
Die Sterne, mit denen wir den Baum noch schmücken, weisen alle hin auf den einen Stern, auf den Stern aller Sterne, auf den Stern von Betlehem. Er zeigt an: Gott verlässt das Himmelszelt. Gott kommt auf die Erde. Gott wird Mensch.
Dem Stern sind damals auch die Heiligen Drei Könige gefolgt. Er war ihr Wegweiser. Er führte Kaspar, Melchior und Balthasar nach Betlehem. Hin zum Stall. Hin zur Krippe. Hin zum Jesuskind.
Übrigens: Eines der schönsten Sternlieder, das uns von der Geburt Jesu erzählt, steht im Gesangbuch. Es stammt von Hermann Claudius und heißt: *Wisst ihr noch, wie es geschehen.* Wir wollen es gemeinsam singen:

Lied: Wisst ihr noch, wie es geschehen (EG 52, 1-4)

2.
Stille war es um die Herde.
Und auf einmal war ein Leuchten
und ein Singen ob der Erde,
dass das Kind geboren sei,
dass das Kind geboren sei!

3.
Eilte jeder, dass er's sähe
arm in einer Krippen liegen.
Und wir fühlten Gottes Nähe.
Und wir beteten es an,
und wir beteten es an.

4.
Könige aus Morgenlanden
kamen reich und hoch geritten,
dass sie auch das Kindlein fanden.
Und sie beteten es an,
und sie beteten es an.

(Text: Hermann Claudius 1939. Melodie: Christian Lahusen 1939.

Alternative: Sieh, dein Licht will kommen (GL 147, 1-3)

Fürbittengebet

Herr, mein Gott.
Es ist Weihnachten und wir feiern das Fest deiner Geburt.
Wir freuen uns darüber, dass du Mensch geworden bist.
Einer von uns. Einer für uns.
Wir bitten dich:
Lass uns immer wieder hoffen, so wie auch das Grün des Tannenbaumes ein Zeichen der Hoffnung ist.
Lass uns immer wieder Freude erfahren und anderen weitergeben, so wie auch die Christrose ein Zeichen der Freude ist.
Lass uns immer wieder erfahren, dass Menschen unsere Wege begleiten, so wie auch der Stern von Betlehem den Königen den Weg gewiesen hat.
Herr, unser Gott.
Lass es in uns und um uns herum Weihnachten werden.
Amen.

Vaterunser

[Nach dem Vaterunser versammeln sich alle Gottesdienstteilnehmer zusammen mit den Helfern in einem großen Kreis um den geschmückten Weihnachtsbaum. Alle fassen sich an den Händen und singen noch einmal die erste und die vierte Strophe des Liedes: Am Weihnachtsbaum die Lichter brennen (Text s. o.). Nach dem Lied bleiben alle noch im Kreis um den Baum stehen, während der Pfarrer den Schlusssegen spricht.]

Segen

Der Herr segne uns, uns Alte und Junge.
Der Herr behüte uns und alle unsere Lieben nah und fern.
Der Herr lasse sein Angesicht leuchten über uns und all unseren Wegen.
Der Herr gebe uns Frieden im Herzen – uns und allen Menschen auf der Welt. Amen.

Epiphanias – Das Licht scheint in die Welt

Vorbemerkung
Der Altar ist mit vielen Kerzen geschmückt.

Begrüßung

Liebe Gemeinde!
Herzlich willkommen. Schön, dass Sie hier sind. Hier in der Kirche. Hier vor dem Altar. Hier vor dem Kreuz. Hier vor den Kerzen: Sie geben ein schönes, ein warmes, ein sanftes Licht, nicht wahr?
Schauen wir einen Augenblick auf die Kerzen auf unserem Altar. Wie schön die Kerzen brennen. – Sie geben ein sanftes Licht. – Sie leuchten hell, aber nicht grell. – Sie tauchen ihre Umgebung in ein warmes Licht. – Ihr Licht durchstrahlt die Finsternis. – Es vertreibt Angst. – Das Kerzenlicht wärmt. – Es schafft eine schöne Atmosphäre. – Ihr Licht tut unserer Seele gut. – Und unseren Gefühlen. Wir sind jetzt zusammen im Namen Gottes. – ER, Gott, segne uns diesen Gottesdienst. – ER nehme uns hinein in den Wärmestrahl seiner Liebe, in sein Licht.

Lied: Auf, Seele, auf und säume nicht (EG 73, 1+3+5)

1.
Auf, Seele, auf und säume nicht,
es bricht das Licht herfür;
der Wunderstern gibt dir Bericht,
der Held sei vor der Tür,
der Held sei vor der Tür.

3.
Gib acht auf diesen hellen Schein,
der aufgegangen ist;
er führet dich zum Kindelein,
das heißet Jesus Christ,
das heißet Jesus Christ.

5.
Halt dich im Glauben an das Wort,
das fest ist und gewiss;
das führet dich zum Lichte fort
aus aller Finsternis,
aus aller Finsternis.

(Text: Michael Müller 1700)

Alternative: Du höchstes Licht, du ewger Schein (GL 557, 1-3)

Psalm 36, 6-10

Herr, deine Güte reicht, so weit der Himmel ist,
und deine Wahrheit, so weit die Wolken gehen.
Deine Gerechtigkeit steht wie die Berge Gottes
und dein Recht wie die große Tiefe.
Herr, du hilfst Menschen und Tieren.
Wie köstlich ist deine Güte, Gott,
dass Menschenkinder unter dem Schatten deiner Flügel Zuflucht haben!
Sie werden satt von den reichen Gütern deines Hauses,
und du tränkst sie mit Wonne wie mit einem Strom.
Denn bei dir ist die Quelle des Lebens,
und in deinem Lichte sehen wir das Licht.

Ehr sei dem Vater und dem Sohn und dem Heiligen Geist, wie es war im Anfang, jetzt und immerdar und von Ewigkeit zu Ewigkeit. Amen.

Gebet

Herr, mein Gott.
In mir ist es manchmal finster:
Da sind düstere Gedanken,
da ziehen dunkle Wolken wie Schatten über meine Seele.
Da bin ich am Grübeln, manchmal am Verzweifeln.

Du kennst mich, mein Gott.
Du weißt, wie es um mich steht.
Du vermagst in mein Inneres zu schauen.
Du überblickst, was mir als Ballast auf der Seele liegt.

Ich bitte dich:
Lass mich deine Liebe spüren –
wie ein Licht, das mich wärmt,
wie ein Licht, das mir den Weg zeigt,
wie ein Licht, das meine finsteren Täler erhellt,
wie ein Licht, das mich spüren lässt:
Du bist bei mir –
als Licht meines Lebens.

Lied: Wie schön leuchtet der Morgenstern (EG 70, 1+3+4)

3.
Gieß sehr tief in das Herz hinein,
du leuchtend Kleinod, edler Stein,
mir deiner Liebe Flamme,
dass ich, o Herr, ein Gliedmaß bleib
an deinem auserwählten Leib,
ein Zweig an deinem Stamme.
Nach dir wallt mir
mein Gemüte, ewge Güte, bis es findet
dich, des Liebe mich entzündet.

4.
Von Gott kommt mir ein Freudenschein,
wenn du mich mit den Augen dein
gar freundlich tust anblicken.
Herr Jesu, du mein trautes Gut,
dein Wort, dein Geist, dein Leib und Blut
mich innerlich erquicken.
Nimm mich freundlich
in dein Arme und erbarme dich in
Gnaden;
auf dein Wort komm ich geladen.

(Text und Melodie: Philipp Nicolai 1599)

Alternative: Sieh, dein Licht will kommen (GL 147, 1-3)

Ansprache

Liebe Gemeinde!
Wir feiern Epiphanias. Erscheinungsfest. Lichtfest.
Her kommen wir vom Weihnachtsfest.
Mit Weihnachten ist ein Licht in unsere Welt gekommen.
Ein wunderbares Licht.
Ein göttliches Licht.
Ein sanftes Licht – hell, aber nicht grell.

Mitten in dunkler Nacht wird Maria Mutter.
Mitten in dunkler Nacht wird das göttliche Kind geboren,
das Jesuskind, das Christkind.

[Kerze vom Altar in die Hand nehmen.]

Das Licht Jesu scheint in der Finsternis.
Die Hirten haben es zuerst gesehen.
Die Engel haben ihnen die wunderbare Botschaft verkündet:
die große Freude, die allen Menschen gilt. Auch uns.

Die Engel haben gerufen:
Fürchtet euch nicht! Euch ist heute der Heiland geboren.
Mit Jesu Licht kam vom Himmel die frohe Botschaft,
dass es über den Menschen nicht dunkel bleiben soll,
dass die Menschen Hoffnung haben dürfen.
Alle Menschen – alte und junge, kranke und gesunde, traurige und fröhliche.

Mitten in der Nacht, in der Heiligen Nacht, leuchtete das Licht der Hoffnung. Gott sei Dank.
Und dieses Licht, das von der Krippe ausgeht,
bringt Menschen in Bewegung.
Die Hirten machen sich als erste auf den Weg.
Sie gehen zur Krippe, zum Schein,
der von dem Stall in Betlehem ausgeht.

Sie wärmen sich an dem sanften Schein des Lichts.
Sie blicken mit Freude auf die Mutter und das Jesuskind im Stall.
Und dann verkünden die Hirten die frohe Botschaft,
die ihnen der Engel über dieses Kind gesagt hat.

Liebe Gemeinde!
Mit der Geburt Jesu, dem Licht der Welt,
legt sich ein Glanz auf die Menschen nieder.
Sie lassen sich bescheinen vom Licht des Kindes.
Sie werden selbst licht und klar.

Ja, sie werden erleuchtet vom Lichtschein der Krippe.
Ein Strahlen und ein Glanz,
die die finsteren Täler ihres Lebens verwandeln können,
sind in die Welt gekommen.

Denn – wo ein Licht scheint, muss die Finsternis weichen.
Wo ein Licht in ein Leben leuchtet,
da ist für die Dunkelheit kein Platz mehr.
Wo ein Licht angezündet wird,
da wird es warm.

Wo das helle Licht der Sonne leuchtet,
da ist die dunkle Nacht überwunden.

[Mit einer Kerze zu den Mitfeiernden gehen, damit sie das Licht sehen, spüren, seine Wärme empfinden können. Währenddessen spielt der Organist ein meditatives Orgelstück.]

Und es dauert nicht lange, liebe Gemeinde,
da geht auch den drei Königen aus dem Morgenland ein Licht auf.
Sie folgen dem hellen Stern, der sie zur Krippe führt.
Sie spüren: Dieses Kind ist ein göttliches Kind.
Dieses Kind wird ein König der Herzen.
Dieses Kind wird sein Licht in die Welt zu den Menschen tragen.

Schauen wir einen Augenblick auf das Licht unserer Kerze

[Moment der Stille, der Ruhe, der Einkehr.]

Liebe Gemeinde!
Jesus hat von sich selbst gesagt: Ich bin das Licht der Welt.
Besser kann man gar nicht sagen, was Jesus wollte, was Jesus sollte. –
ER ist das Licht, das überall dort leuchten will,
wo Menschen mutlos und hoffnungslos sind,
kraftlos und lieblos.

An IHN, an Jesus Christus will uns diese Kerze erinnern. An IHN, der auch uns zugesagt hat: »*Ich bin das Licht der Welt. Wer mir nachfolgt, der wird nicht wandeln in der Finsternis, sondern wird das Licht des Lebens haben.*«
Welch eine frohe Botschaft. Welch eine Verheißung.
Amen.

Lied: Jesus ist kommen, Grund ewiger Freude (EG 66, 1-2+5)

2.
Jesus ist kommen, nun springen die Bande,
Stricke des Todes, die reißen entzwei.
Unser Durchbrecher ist nunmehr vorhanden;
er, der Sohn Gottes, der machet recht frei,
bringet zu Ehren aus Sünde und Schande;
Jesus ist kommen, nun springen die Bande.

5.
Jesus ist kommen, der König der Ehren;
Himmel und Erde, rühmt seine Gewalt!
Dieser Beherrscher kann Herzen bekehren;
öffnet ihm Tore und Türen fein bald!
Denkt doch, er will euch die Krone gewähren.
Jesus ist kommen, der König der Ehren.

(Text: Johann Ludwig Konrad Allendorf 1736)

Alternative: Licht, das uns erschienen (GL 129, 1+4+7)

Fürbittengebet

Herr, mein Gott.
Manchmal bin ich traurig.
Dann lass dein Licht in meine Traurigkeit scheinen.
Manchmal bin ich verärgert – über mich und über andere.
Dann lass dein Licht in solche Momente ausstrahlen.
Manchmal bin ich unzufrieden mit meinem Leben.
Dann lass dein Licht meine Verhältnisse durchleuchten.
Manchmal bin ich einsam, komme mir so verlassen vor.
Dann lass dein Licht in mein Leben leuchten.
Manchmal bin ich hart und ungerecht anderen gegenüber.
Dann lass dein Licht meine Verhärtungen erwärmen.
Manchmal denke ich: Keiner liebt mich mehr.
Dann lass dein Licht in meinem Herzen glühen.

Herr, mein Gott.
Ich danke dir, dass dein Licht mir zum Heil scheint.
Amen.

Vaterunser

Segen

Jesus Christus, das Licht der Welt, segne euch.
Er begleite euch.
Er schenke euch Hoffnung.
Er lasse sein Licht in euer Leben scheinen,
damit es euch wärmt und tröstet und leitet.
Amen.

Passion –
Jesu letzter Weg – ein Weg für uns

Vorbemerkung
Im Altarraum steht von Beginn an ein großes, einfach gezimmertes Holzkreuz. Im Verlauf des Gottesdienstes werden dann verschiedene Passionssymbole (Brot und Kelch, Olivenzweige, Schwert, Schale mit Wasser, Dornenkrone, Stock, Nägel, schwarzes Tuch) am Kreuz abgelegt.

Begrüßung

Liebe Gemeinde!
Es ist nicht zu übersehen: das große Kreuz im Altarraum. Zeichen für Jesus Christus. Zeichen für den, der sich für uns hat aufs Kreuz legen lassen. Jesu Weg ans Kreuz, seinen Kreuzweg, wollen wir heute in diesem Gottesdienst nachgehen – in Zeichen und mit Worten.
Doch zunächst möchte ich Sie herzlich begrüßen. Ich freue mich, dass Sie hier sind. Dass Sie sich auf den Weg gemacht haben, damit wir – sozusagen als Wegbegleiter – gemeinsam einen Weg gehen, mitgehen: den letzten Weg Jesu. Seinen Weg ans Kreuz. *[Auf das große Holzkreuz im Altarraum zeigen.]* Für Jesus war diese letzte Wegstrecke seines Lebens sicherlich die schwerste seines Lebens. Auf diesem Weg hat er Verrat und Einsamkeit, Verspottung, Misshandlung, Sterben und Tod erlebt und – Gott sei Dank – auch überlebt. Ein Gedicht unserer Tage sagt das so:

Mein Herr Jesu Christ,
der du ans Kreuz gegangen bist.
Du warst für diesen Weg bereit,
für diesen Weg der Qual ins Leid.

Du gingst für meine Schuld und Not
den Weg ans Kreuz, den Weg zum Tod.
Drum dank ich dir, Herr Jesu Christ,
dass du auch in meinen Kreuzen bist.

(Jürgen Gauer)

Lied: Wir danken dir, Herr Jesu Christ (EG 79, 1-4; GL 178, 1-4)

1.
Wir danken dir, Herr Jesu Christ,
dass du für uns gestorben bist
und hast uns durch dein teures Blut
gemacht vor Gott gerecht und gut,

2.
und bitten dich, wahr' Mensch und Gott,
durch dein heilig fünf Wunden rot:
erlös uns von dem ewgen Tod
und tröst uns in der letzten Not.

3.
Behüt uns auch vor Sünd und Schand
und reich uns dein allmächtig Hand,
dass wir im Kreuz geduldig sein,
uns trösten deiner schweren Pein

4.
und schöpfen draus die Zuversicht,
dass du uns wirst verlassen nicht,
sondern ganz treulich bei uns stehn,
dass wir durchs Kreuz ins Leben gehn.

(Text: Christoph Fischer, vor 1568)

Psalm 22, 1-6+12+20

Mein Gott, mein Gott, warum hast du mich verlassen?
Ich schreie, aber meine Hilfe ist ferne.
Mein Gott, des Tages rufe ich, doch antwortest du nicht,
und des Nachts, doch finde ich keine Ruhe.
Du aber bist heilig,
der du thronst über den Lobgesängen Israels.
Unsere Väter hofften auf dich;
und da sie hofften, halfst du ihnen heraus.
Zu dir schrien sie und wurden errettet,
sie hofften auf dich und wurden nicht zuschanden.
Sei nicht ferne von mir, denn Angst ist nahe;
denn es ist hier kein Helfer.
Aber du, Herr, sei nicht ferne;
meine Stärke, eile, mir zu helfen!

Ehr sei dem Vater und dem Sohn und dem Heiligen Geist, wie es war im Anfang, jetzt und immerdar und von Ewigkeit zu Ewigkeit. Amen.

Gebet

Herr, unser Gott.
Wir denken vor dir an die Passion deines Sohnes Jesus Christus.
Er hat gelitten – für uns.
Er wurde verraten und verhaftet – für uns.
Er wurde verlacht und verspottet – für uns.
Er nahm sein Kreuz auf sich – für uns.
Er starb und erstand auf – für uns.

Jetzt sind wir hier zusammen, um Jesu Leiden und Sterben,
um seinen Weg ans Kreuz zu bedenken.
Wir wollen hören, was damals geschah.
Wir wollen uns vergewissern, dass es für uns geschah.
Dazu helfe uns Gott.
Amen.

Lied: Herzliebster Jesu, was hast du verbrochen (EG 81, 1-2+4-5; GL 180, 1-3)

1. Herzliebster Jesu, was hast du verbrochen,
dass man ein solch scharf Urteil hat gesprochen?
Was ist die Schuld, in was für Missetaten
bist du geraten?

2. Du wirst gegeißelt und mit Dorn gekrönet,
ins Angesicht geschlagen und verhöhnet,
du wirst mit Essig und mit Gall getränket,
ans Kreuz gehenket.

4. Wie wunderbarlich ist doch diese Strafe!
Der gute Hirte leidet für die Schafe,
die Schuld bezahlt der Herre, der Gerechte,
für seine Knechte.

5. Der Fromme stirbt, der recht und richtig wandelt,
der Böse lebt, der wider Gott gehandelt;
der Mensch verdient den Tod und ist entgangen,
Gott wird gefangen.

(Text: Johann Heermann 1630)

Ansprache

Liebe Gemeinde!
Wir sehen im Altarraum das große Holzkreuz. Es weist uns hin auf Jesus Christus. Auf sein Leiden, auf seine Passion. Es weist uns hin auf Jesu letzten Weg. Auf seinen Kreuzweg. Erinnern wir uns:
[Ein Brot und ein Kelch werden vor das Holzkreuz gelegt.]
Es war Abend. Der Abend des Gründonnerstages. Der letzte Abend im Leben Jesu. Er verbrachte ihn mit seinen Jüngern. Sie feierten Abendmahl. Jesus brach das Brot, reichte es seinen Jüngern und sprach: »*Nehmet, esset; das ist mein Leib*«. Danach nahm er den Kelch, dankte und gab ihnen den mit den Worten »*Trinket alle daraus; das ist mein Blut des Bundes, das vergossen wird für viele zur Vergebung der Sünden*«; und sie tranken alle daraus. Und als sie aßen, sprach er: »*Wahrlich, ich sage euch: Einer unter euch wird mich verraten.*«
[Olivenzweige werden vor das Holzkreuz gelegt.]
Danach ging Jesus zum Ölberg. Zum Garten Getsemani. Während seine Jünger am Eingang des Gartens schliefen, ging Jesus weiter hinein. Er wollte allein sein. Allein mit seinem Vater im Himmel. Zu ihm betete er. Es war ein Zwiegespräch über Leben und Tod. Über Jesu Tod. Und Jesus sprach: »*Vater, willst du, so nimm diesen Kelch von mir; doch nicht mein, sondern dein Wille geschehe!*« Und dann geschah es: der Verrat. Wie Jesus es vorher gesagt hatte.
[Ein Schwert wird vor das Holzkreuz gelegt.]
Judas kam. Der Jünger, der Jesus verraten würde. Für 30 Silberlinge. Und Judas küsste Jesus. Das war das Zeichen für die Soldaten; sie nahmen Jesus gefangen. Und Jesus sagte zu ihnen: »*Ihr seid ausgezogen wie gegen einen Räuber mit Schwertern und mit Stangen, mich zu fangen.*« Dann brachte man Jesus vor den Hohen Rat: Ablehnung, Hohn, Spott schlugen ihm hier entgegen.

[Eine Schale mit Wasser wird vor das Holzkreuz gestellt.]
Am nächsten Tag, am Karfreitag, stand Jesus vor Pilatus. Der römische Statthalter allein durfte ein Urteil über Leben und Tod sprechen. Er gab dem Willen des Hohen Rates und den Stimmen aus dem Volk nach, das da schrie: »*Kreuzige ihn! Kreuzige ihn!*« Und Pilatus wusch seine Hände in Unschuld.
[Ein Knüppel/Stock wird vor das Holzkreuz gelegt.]
Jesus aber führte man ab in den Palast des Hohenpriesters. Hier wurde er von den Soldaten geprügelt und geschlagen. Man verhöhnte ihn. Man legte Jesus einen Purpurmantel um,
[Eine Dornenkrone wird über das Holzkreuz gelegt.]
setzte ihm eine Dornenkrone auf und spottete: »*Sei gegrüßt, König der Juden.*« Doch damit nicht genug. Jetzt zwang man Jesus auch noch, sein Kreuz, sein Hinrichtungsgerät, selbst zum Hügel Golgota, zur Hinrichtungsstätte, zu tragen.
[Große (Zimmermanns-) Nägel werden vor das Holzkreuz gelegt.]
Dort kreuzigten die Soldaten Jesus. Und links und rechts neben ihm kreuzigten sie noch zwei Verbrecher. Und um die neunte Stunde am Karfreitag, gegen 15:00 Uhr, rief Jesus laut: »*Vater, ich befehle meinen Geist in deine Hände.*« Dann neigte er sein Haupt und verschied. Im selben Augenblick hörte die Sonne auf zu scheinen und es war, als ob die Erde bebte.
[Ein schwarzes Tuch wird vor dem Kreuz zerrissen.]
Und der Vorhang im Tempel zerriss in zwei Teile. Ein römischer Hauptmann aber, der bei der Kreuzigung Jesu dabei war, sprach: »*Dieser Mensch am Kreuz, der ist wirklich Gottes Sohn gewesen.*« Und der Hauptmann ging langsam davon.
[Es folgt – während eines begleitenden Orgelspiels – eine meditative Stillephase.]

Liebe Gemeinde! Auch für unsere Kreuze. Für all das, was uns Sorgen macht oder Angst. Für all unsere Nöte. Für all das, was wir an Schuld und an Seelenballast mit uns herumtragen. Für all unsere Fehler und all unsere Verfehlungen ist Jesus am Kreuz gestorben. Er für uns. Er an unserer Stelle. Für dich. Für mich.
Und seither ist Jesus in all unseren Kreuzen mitgekreuzigt und hilft uns, sie zu tragen. Warum? Damit auch wir einst getrost und getröstet sagen

können: »*Vater, ich befehle meinen Geist in deine Hände.*« – Gott sei Dank.
Amen

Lied: Ein Lämmlein geht und trägt die Schuld (EG 83, 1-2+4)

2.
Das Lämmlein ist der große Freund
und Heiland meiner Seelen;
den, den hat Gott zum Sündenfeind
und Sühner wollen wählen:
»Geh hin, mein Kind, und nimm dich an
der Kinder, die ich ausgetan
zur Straf und Zornesruten;
die Straf ist schwer, der Zorn ist groß,
du kannst und sollst sie machen los
durch Sterben und durch Bluten.«

4.
Mein Lebetage will ich dich
aus meinem Sinn nicht lassen,
dich will ich stets, gleich wie du mich,
mit Liebesarmen fassen.
Du sollst sein meines Herzens Licht,
und wenn mein Herz in Stücke bricht,
sollst du mein Herze bleiben;
ich will mich dir, mein höchster Ruhm,
hiermit zu deinem Eigentum
beständiglich verschreiben.

(Text: Paul Gerhardt 1647)

Alternative: Aus tiefster Not schrei ich zu dir (GL 163, 1-3)

Fürbittengebet

Mein Gott, mein Gott.
Dein Sohn Jesus Christus hat deinen Willen geschehen lassen.
Er hat sich für uns aufs Kreuz legen lassen.
Er ist den Weg in den Tod gegangen, um den Tod aufs Kreuz zu legen.

Am Kreuz hat Jesus Einsamkeit erfahren.
Seither weiß er, wie uns zumute ist, wenn wir uns allein, nicht mehr wahrgenommen oder wertgeschätzt fühlen.
Am Kreuz hat Jesus Ohnmacht erfahren.
Seither weiß er, wie uns zumute ist, wenn wir nicht mehr weiter wissen, wenn uns das Leben zur Last wird.
Am Kreuz hat Jesus Schmerzen erfahren.
Seither weiß er, wie uns zumute ist,
wenn Krankheit und Leid schwer auf uns lasten.

Herr Jesus Christus.
Dein Kreuzweg war ein Weg für uns.
Ein Weg, damit wir an unseren Kreuzen nicht zerbrechen müssen.
Hab Dank dafür.
Amen.

Vaterunser

Segen

Der Herr sei vor dir,
um dir den rechten Weg zu zeigen.
Der Herr sei neben dir,
um dich in die Arme zu schließen und dich zu schützen.
Der Herr sei unter dir,
um dich aufzufangen, wenn du fällst.
Der Herr sei in dir,
um dich zu trösten, wenn du traurig bist.
Der Herr sei über dir,
um dich zu segnen.

(Aus einem altchristlichen Segenswunsch aus dem 4. Jahrhundert)

Ostern – Das Gelbe vom Ei

Vorbemerkung
Es werden folgende Ostersymbole benötigt: eine Vase mit Zweigen und Osterglocken, die auf dem Altar steht; bemalte Eier; ein hartes Eigelb; (Süßwaren-) Eier, die am Ausgang an die Gottesdienstteilnehmer verteilt werden.

Begrüßung

Ich wünsche Ihnen einen guten Morgen. Einen schönen Tag. Uns allen einen gesegneten Gottesdienst und – frohe Ostern!
Das Osterfest, liebe Gemeinde, fällt ja in eine herrliche Jahreszeit. In den Frühling. Die kalten und dunklen Tage sind vorüber. Die Menschen zieht es wieder nach draußen. Frühlingsgefühle machen sich breit. Die Natur erwacht zum Leben. Die ersten Blumen – Krokusse, Osterglocken, Anemonen – fangen an zu blühen. Schauen Sie einmal auf diese herrlichen Blumen, die auf dem Altar stehen – sie streicheln unsere Seele, sie machen Herz und Sinne fröhlich. Sie zeigen: Das Grau des Winters hat ausgespielt, der Frühling schöpft Farbe in die Natur. Leben wird bunt, feiert ein Fest.
Aber Ostern ist für uns Christen mehr als nur ein Frühlingsfest. Es ist *das* Fest überhaupt. Glaubensfest. Freudenfest. Hoffnungsfest. Wir feiern, dass Jesus den Tod aufs Kreuz gelegt hat. Dass er den Tod getötet hat. Dass er dem Tod das Grab geschaufelt hat. Dass er auferstanden ist. Dass er lebt. Wir feiern Ostern, weil Jesus auch für uns den Tod besiegt hat. Weil auch wir nun mit der Hoffnung des ewigen Lebens leben und sterben können.
So wie auch die Blumen und Bäume nach der todesähnlichen Winterzeit nun im Frühjahr wieder neue Blätter, neue Blüten, neue Knospen treiben und neues Leben erleben, so soll es auch uns ergehen: Ja, auch

wir werden nicht im Tod bleiben, sondern in ein neues Leben auferstehen. Welch ein Grund zur Freude. Welch ein Evangelium. Welch eine Hoffnung. Welch ein Gott.

Lied: Wir wollen alle fröhlich sein (EG 100, 1-2+5; GL 223, 1-2+5)

1.
Wir wollen alle fröhlich sein
in dieser österlichen Zeit;
denn unser Heil hat Gott bereit'.
Halleluja, Halleluja, Halleluja,
Halleluja,
gelobt sei Christus, Marien Sohn.

2.
Es ist erstanden Jesus Christ,
der an dem Kreuz gestorben ist,
dem sei Lob, Ehr zu aller Frist.
Halleluja, Halleluja, Halleluja,
Halleluja,
gelobt sei Christus, Marien Sohn.

5.
Des freu sich alle Christenheit
und lobe die Dreifaltigkeit
von nun an bis in Ewigkeit.
Halleluja, Halleluja, Halleluja, Halleluja,
gelobt sei Christus, Marien Sohn.

(Text: Cyriakus Spangenberg 1568)

Psalm 118, 15.17.22-24

Man singt mit Freuden vom Sieg
in den Hütten der Gerechten:
Die Rechte des Herrn behält den Sieg!
Die Rechte des Herrn ist erhöht;
die Rechte des Herrn behält den Sieg!
Ich werde nicht sterben, sondern leben
und des Herrn Werke verkündigen.
Der Stein, den die Bauleute verworfen haben,
ist zum Eckstein geworden.

Das ist vom Herrn geschehen
und ist ein Wunder vor unsern Augen.
Dies ist der Tag, den der Herr macht;
lasst uns freuen und fröhlich an ihm sein.

Ehr sei dem Vater und dem Sohn und dem Heiligen Geist, wie es war im Anfang, jetzt und immerdar und von Ewigkeit zu Ewigkeit. Amen.

Gebet

Herr, mein Gott.
Ostern ist heute: ein Freudentag, ein Festtag.
Wir feiern, dass du den Tod besiegt hast.
Dass dein Sohn Jesus Christus auferstanden ist.

Wir wissen:
Unser Leben hier auf Erden ist noch gezeichnet
von Krankheit und Leid, von Not und Tod.
Aber seit Ostern dürfen wir darauf vertrauen,
dass du uns im Leben wie im Sterben zur Seite stehst,
dass du unsere Wege und Kreuzwege mit uns gehst,
dass du in dein Licht ziehst was verwest.

Dafür sage ich: Danke, Gott.

Lied: Nun freue dich, du Christenheit (GL 222, 1-3)

1. Nun freue dich, du Christenheit, der Tag, der ist gekommen,
an dem der Herr nach Kreuz und Leid die Schuld von uns genommen.
Befreit sind wir von Angst und Not, das Leben hat besiegt den Tod:
Der Herr ist auferstanden.

2. An diesem österlichen Tag lasst uns den Vater loben;
denn er, der alle Ding vermag, hat seinen Sohn erhoben.
Das ist der Tag, den Gott gemacht; das Leben ward uns neu gebracht:
Der Herr ist auferstanden.

3. Du lieber Herre Jesu Christ, da du erstanden heute,
so lobt dich alles, was da ist, in übergroßer Freude.
Mit dir sind wir von Herzen froh, wir rufen laut und singen so:
Der Herr ist auferstanden.

(Text: Mainz um 1410)

Alternative: Wir danken dir, Herr Jesu Christ (EG 107, 1-3)

Ansprache

Liebe Gemeinde!
Es gibt viele Bräuche, viele Symbole, die wir mit dem Osterfest verbinden. Zum Beispiel das Osterfeuer, das Osterbrot oder das gebackene Osterlamm. Oder die Osterkerze, sie wird in der Osternacht in die dunkle Kirche hineingetragen. Die Kerze zeigt uns: Jesus Christus ist das Licht der Welt. Er hat die Dunkelheit des Todes überwunden. Er lebt im Lichte Gottes. Er ist auferstanden.
Ich habe Ihnen heute Morgen noch ein anderes Ostersymbol mitgebracht. Sie alle kennen es. Es ist ein sehr bekanntes Ostersymbol. Vielleicht das Bekannteste überhaupt. Es begleitet uns seit Kindesbeinen, es begegnet uns überall: als Osterschmuck oder als Lebensmittel. *[Das gefärbte Ei hochhalten.]* Ein Ei. Ein gefärbtes Ei. Ein Osterei. Mit bunten, gefärbten Eiern wollen wir nun unseren schönen Frühlingsstrauß in der Mitte zum Osterstrauß verwandeln. *[Der Pfarrer hängt bunte Eier in den Osterstrauß, in der Zwischenzeit spielt der Organist ein Osterlied im Hintergrund.]*

Liebe Gemeinde! Das Ei *[Das gefärbte Ei hochhalten.]* ist seit alters her ein Symbol für Fruchtbarkeit. Für Leben. Für Neuanfang. Aus dem Ei erwächst alles Leben, auch menschliches Leben. Drei Wochen lang brütet die Glucke geduldig über ihrem Ei. Schenkt sie ihm Wärme. Doch

dann geschieht es: das Wunder, das Wunder neuen Lebens. Es kündigt sich an durch ein schwaches Piepsen. Und dann ist es so weit: Das Küken schlüpft.
Auch im christlichen Glauben spielt das Ei eine Rolle. Erinnern wir uns: Es war am Karfreitag, als Jesus sein Kreuz durch die Straßen Jerusalems tragen musste. Zur städtischen Hinrichtungsstätte. Zum Hügel Golgota. Hier wurde er gekreuzigt. Hier gab man ihn den Blicken der Gaffer und Schaulustigen, der Soldaten und Schriftgelehrten preis. Hier unter dem Kreuz standen auch seine Mutter Maria und sein Jünger Johannes. Sie alle wurden Zeugen, als Jesus rief: »*Mein Gott, mein Gott, warum hast du mich verlassen?*« Sie alle wurden Zeugen, als Jesus am Kreuz starb.
Am gleichen Abend noch erbat ein angesehener Ratsherr aus Jerusalem, Josef von Arimatäa, den Leichnam Jesu von Pilatus. Der nahm Jesus vom Kreuz, wickelte ihn in ein Leinentuch, legte ihn in ein Felsengrab und wälzte einen Stein vor des Grabes Tür. Mit dem Leben Jesu war es nun endgültig vorbei. Schluss. Ende. Aus. Der Tod – er schien wie immer Sieger über das Leben zu sein, auch über Jesu Leben. Das Grab – es wölbte sich wie ein Tresor, wie ein Safe über dem Leichnam Jesu. Sein gekreuzigtes Leben schien verschlossen, versiegelt, verriegelt. Für immer und ewig.
An das Grab Jesu erinnert die Kalkschale des Eis. *[Das Ei hochhalten.]* Sie umschließt, sie verschließt – wie ein Grab – das Innere vom Ei, das Eiweiß und das Eigelb, in dem Leben, neues Leben eingeschlossen ist.
Zurück zu Jesus. Der Tod konnte Jesus nicht festhalten. Das Grab ist leer. Der Stein vor dem Grab ist weggerollt. Jesus hat den Tod aufs Kreuz gelegt. Er hat den Tod überwunden. Er lebt. Er ist auferstanden. Der Kirchenvater Ephraim hat das einmal so ausgedrückt: »*Gleich einem Ei springt das Grab auf.*«
Das heißt: Ähnlich wie Jesus das Grab und damit die Bande des Todes mit seiner Auferstehung durchbricht, so durchbricht auch die Hülle vom Ei und neues Leben wird geboren. Die Schale zerspringt, ein kleines Küken piepst sich in die Welt.

Liebe Gemeinde! Ich denke, das ist der Kern unseres Glaubens. Das ist die zentrale Botschaft von Ostern. Das ist – um im Bild zu bleiben – das Gelbe vom Ei *[Das hart gekochte Eigelb zeigen.]*: Jesus lebt. Er hat die Schalen des Todes durchstoßen. Er hat den Todesbeton, der über unserem Leben liegt, gesprengt.

Und seither dürfen, können auch wir mit der frohen Botschaft leben und sterben, dass auch wir einst nicht im Tod bleiben. Dass auch wir – bildlich gesprochen – die Eierschale, den Tresor des Todes, durchbrechen. Dass Gott uns neues Leben schenken will. Ewiges Leben. Leben in seiner Nähe, in seiner Liebe, in seiner Obhut.
Und weil wir uns über die Auferstehungsbotschaft freuen dürfen, weil wir seit jenem Ostern sogar über den Tod lachen dürfen, darum färben wir Eier bunt – als Zeichen der Freude, als Zeichen des Glaubens, als Zeichen des Lebens.
Amen.

Lied: Jesus lebt, mit ihm auch ich (EG 115, 1-2+6)

2.
Jesus lebt! Ihm ist das Reich
über alle Welt gegeben;
mit ihm werd auch ich zugleich
ewig herrschen, ewig leben.
Gott erfüllt, was er verspricht;
dies ist meine Zuversicht.

6.
Jesus lebt! Nun ist der Tod
mir der Eingang in das Leben.
Welchen Trost in Todesnot
wird er meiner Seele geben,
wenn sie gläubig zu ihm spricht:
»Herr, Herr, meine Zuversicht!«
(Text: Christian Fürchtegott Gellert 1757)

Alternative: Vom Tode heut erstanden ist (GL 224, 1-4)

Fürbittengebet

Herr, unser Gott.
Wir feiern Ostern. Das Fest deiner Auferstehung.
Das Fest der Freude. Das Fest der Hoffnung.
Wir sind dankbar,
dass du deinen Sohn Jesus Christus nicht im Tod belassen hast.
Dass er auferstanden ist.
Dass er lebt – bei dir und mit dir.
Für immer und auf ewig.

Herr, unser Gott.
Lass uns darüber freuen und fröhlich sein.
Gib, dass die Frohbotschaft von Ostern auch unser Leben erfüllt.
Rüste uns aus mit der Hoffnung, dass Leben über den Tod siegt.
Schenk uns die Kraft, dir und deinem Wort zu vertrauen.
Denn du hast uns gesagt: Ich bin die Auferstehung und das Leben.
Lass uns das erfahren –
an jedem Tag unseres Lebens, auch nach unserem letzten Tag.
Amen.

Vaterunser

Segen

Gott, der uns einst das Leben gab, behüte uns.
Gott, der uns im Leben leiten und begleiten möchte, bewahre uns.
Gott, der uns dieses Leben einst zu einem ewigen machen will, segne uns.
So nehmt mit den Segen unseres Gottes. Dem Gott allen Lebens.
Amen.

[Bei der persönlichen Verabschiedung erhält jeder Gottesdienstbesucher ein bunt bemaltes Ei geschenkt.]

Pfingsten – Ein Gruß von Gott

Vorbemerkung
Für diesen Gottesdienst wird für die Ansprache als Anschauungsobjekt ein Poesiealbum benötigt. Die (noch) freien Seiten des Albums wurden zuvor mit je einem Bibel- oder Gesangbuchvers (als ›Gruß von Gott‹) beschrieben und mit einem Glanzbild ausgeschmückt.

Begrüßung

Liebe Gemeinde!
Einen guten Morgen und einen schönen Tag für Sie alle. Ein Tag mit Gott und mit vielen lieben Menschen. Dieser Tag heute ist ja ein besonderer Tag. Ein Festtag. Ein Feiertag. Ein Freudentag. Wir feiern Pfingsten. Daher heiße ich Sie herzlich willkommen zum Gottesdienst und wünsche Ihnen allen einen schönen Pfingsttag.
Damals, am ersten Pfingstfest, hat Gott den Jüngern den Heiligen Geist geschickt. Erinnern wir uns: Nach Jesu Himmelfahrt waren die Jünger in Jerusalem. Hier feierten in diesen Tagen die Juden ein großes Fest. Die Jünger sitzen alle in einem Haus beisammen. Da geschieht plötzlich etwas Sonderbares: Ein starker Wind, ein Brausen erfüllt den ganzen Raum. Und dann ist es, als ob kleine Feuerflammen sich auf die Jünger verteilen. Die Jünger werden von großer Freude erfüllt. Ihnen geht sozusagen ein Licht auf. Sie spüren: Gottes guter Geist ist zu ihnen gekommen. Sie spüren: Gott ist ihnen in seinem Geist ganz nah. Sie spüren, was in einem alten Gebet, das Sie vielleicht kennen, so gesagt wird:

Wo ich gehe, wo ich stehe,
bist du, lieber Gott, bei mir,
wenn ich dich auch niemals sehe,
weiß ich dennoch, du bist hier.

Lied: O komm, du Geist der Wahrheit (EG 136, 1-2+7)

1.
O komm, du Geist der Wahrheit,
und kehre bei uns ein,
verbreite Licht und Klarheit,
verbanne Trug und Schein.
Gieß aus dein heilig Feuer,
rühr Herz und Lippen an,
dass jeglicher getreuer
den Herrn bekennen kann.

2.
O du, den unser größter
Regent uns zugesagt:
komm zu uns, werter Tröster,
und mach uns unverzagt.
Gib uns in dieser schlaffen
und glaubensarmen Zeit
die scharf geschliffnen Waffen
der ersten Christenheit.

7.
Du Heilger Geist, bereite
ein Pfingstfest nah und fern;
mit deiner Kraft begleite
das Zeugnis von dem Herrn.
O öffne du die Herzen
der Welt und uns den Mund,
dass wir in Freud und Schmerzen
das Heil ihr machen kund.

(Text: Philipp Spitta (1827) 1833)

Alternative: Komm, Schöpfer Geist, kehr bei uns ein (GL 245, 1+4+6)

Psalm 100, 1-5

Jauchzet dem Herrn, alle Welt!
Dienet dem Herrn mit Freuden,
kommt vor sein Angesicht mit Frohlocken!
Erkennet, dass der Herr Gott ist!
Er hat uns gemacht und nicht wir selbst
zu seinem Volk und zu Schafen seiner Weide.
Gehet zu seinen Toren ein mit Danken, zu seinen Vorhöfen mit Loben;
danket ihm, lobet seinen Namen!

Denn der Herr ist freundlich,
und seine Gnade währet ewig und seine Wahrheit für und für.

Ehr sei dem Vater und dem Sohn und dem Heiligen Geist, wie es war im Anfang, jetzt und immerdar und von Ewigkeit zu Ewigkeit. Amen.

Gebet

Lieber Gott. Wir feiern Pfingsten.
Wir feiern das Fest deines Heiligen Geistes.

Wir bitten dich:
Dein Geist möge unser Leben erfüllen.
Dein Geist möge uns anstiften zur Freude.
Dein Geist möge uns Mut und Hoffnung schenken.
Dein Geist möge uns trösten in Krankheit und Leid.
Amen.

Lied: O Heiliger Geist, o heiliger Gott (EG 131, 1-3+6)

2.
O Heiliger Geist, o heiliger Gott,
gib uns die Lieb zu deinem Wort;
zünd an in uns der Liebe Flamm,
danach zu lieben allesamt.
O Heiliger Geist, o heiliger Gott!

3.
O Heiliger Geist, o heiliger Gott,
mehr' unsern Glauben immerfort;
an Christus niemand glauben kann,
es sei denn durch dein Hilf getan.
O Heiliger Geist, o heiliger Gott!

6.
O Heiliger Geist, o heiliger Gott,
verlass uns nicht in Not und Tod.
Wir sagen dir Lob, Ehr und Dank
allzeit und unser Leben lang.
O Heiliger Geist, o heiliger Gott!

(Text: Johannes Niedling (?) 1651)

Alternative: Nun bitten wir den Heiligen Geist (GL 248, 1-3)

Ansprache

Liebe Gemeinde!
Das kennen Sie sicher alle aus Ihrer Jugendzeit: das Poesiealbum. *[Poesiealbum hochhalten.]* Das Poesiealbum war etwas ganz Persönliches. Ein Buch, in dem Eltern, Verwandte, Mitschüler und Freunde uns ein Gedicht, ein Sprichwort oder eine Lebensweisheit hineinschrieben. Oft verziert mit kleinen Glanzbildern.
Hier in Händen halte ich mein eigenes Poesiealbum. Ich habe es über die Jahre sorgsam aufbewahrt. Heute ist es für mich eine schöne Erinnerung an liebe Menschen, an ehemalige Freunde. *[Im Poesiealbum blättern.]* Auf der ersten Seite hat meine Mutter mir einen Psalmvers geschrieben. Er lautet: *Befiehl dem Herrn deine Wege und hoffe auf ihn, er wird's wohl machen* (Psalm 37,5). *[Im Poesiealbum blättern.]* Und hier, ein kurzer Eintrag meines damaligen Klassenkameraden Rudolf: Edel sei der Mensch, hilfreich und gut. *[Im Poesiealbum blättern.]* Und auf dieser Seite hat Elke, meine damalige heimliche Liebe, einen netten Vers geschrieben. Einen Vers zum Schmunzeln. Er lautet: Lieber Jürgen, wenn du einst als Groß-

papa im Lehnstuhl sitzt mit Großmama, dann denk in deinem Eheglück an deine frühere Schulfreundin Elke zurück.

Liebe Gemeinde! Wir feiern Pfingsten. Damals hat Gott sozusagen den Jüngern auch einen Gruß, eine frohe Botschaft ins Poesiealbum ihres Lebens geschrieben. Die Grußbotschaft nämlich: Ihr seid jetzt nach Jesu Tod nicht allein. Mein guter Geist, der Heilige Geist, wird euch begleiten. Er will in euch die Erinnerung an Jesus wach halten. Und dann erzählt uns die Bibel: Die Jünger wurden sehr froh. Und sie lobten Gott und fingen begeistert an, den Menschen von Jesus zu erzählen.
Zum Beispiel, dass Jesus die Kinder liebte und segnete. Oder dass Jesus Menschen, wie den blinden Bettler Bartimäus, heilte. Dass er auf den Zöllner Zachäus zuging, der von anderen gemieden und verachtet wurde. Die Jünger erzählten, dass Jesus predigte, Gott und die Menschen zu lieben. Oder davon wie Jesus sie das Vaterunser lehrte. Die Jünger erzählten, dass Jesus wunderschöne Gleichnisse vom Reich Gottes in die Herzen der Menschen säte, wie das vom barmherzigen Samariter. Sie erzählten vom letzten Abendmahl Jesu, als er ihnen das Brot brach und den Kelch reichte. Und natürlich erzählten die Jünger den Menschen von Jesu Tod am Kreuz. Dass er für alle Menschen gestorben sei. Dass Jesus nach drei Tagen von Gott auferweckt wurde. Und dass er nun bei Gott ist und dort auf uns wartet.

Liebe Gemeinde! Diese frohe Botschaft von Pfingsten, dass Gott uns seinen Heiligen Geist schenkt, die gilt auch uns. Ja, auch uns gilt sozusagen dieser Gruß, dieser Liebesgruß von Gott. Dir und mir. Wir und alle Menschen dürfen leben in dem getrosten Glauben, dass Gott an uns denkt, dass Gottes Sohn uns seine Liebe schenkt, dass Gottes Geist unser Leben lenkt. Ist das nicht wunderbar: zu glauben, dass jeder von uns ein Bild, ein Ebenbild, ein Glanzbild Gottes ist?
Liebe Gemeinde! In meinem Poesiealbum, da sind noch freie Seiten. Platz für einen Gruß von Gott an uns. Platz für ein Grußwort aus der Bibel oder aus dem Gesangbuch – für jeden ganz persönlich.
[Der Pfarrer geht zu jedem Gottesdienstbesucher. Er zeigt ihnen jeweils eine (›ihre‹) Poesiealbumseite, auf die er zuvor einen Bibel- oder einen Gesangbuchvers geschrieben, und die er mit einem Glanzbild verziert hat. Er liest jedem (s)einen ›Gruß von Gott‹ vor.]

(Einige Beispiele für verwandte Bibel- und Gesangbuchverse (EG): Psalm 23,1; Palm 23,4; Psalm 23,6; Psalm 27,1; Psalm 31,6; Psalm 36,10; Psalm 37,5; Psalm 121,7; Psalm 136,1; Psalm 145,14; EG 329,1; EG 330,1; EG 331,1; EG 346,1; EG 347,1; EG 352,1; EG 362,1; EG 369,1; EG 374,1; EG 376,1; EG 391,1; EG 407,1; EG 511,1)

Liebe Gemeinde! Lassen Sie mich schließen mit dem Gedicht, das ich auch am Beginn des Gottesdienstes gesprochen habe. Ein Gedicht, das ich bei nächster Gelegenheit gerne in ein Poesiealbum schreiben möchte:

Wo ich gehe, wo ich stehe,
bist du, lieber Gott, bei mir,
wenn ich dich auch niemals sehe,
weiß ich dennoch, du bist hier.
Amen.

Lied: Komm, Heilger Geist, der Leben schafft (GL 241, 1-3+7)

1. Komm, Heilger Geist, der Leben schafft, erfülle uns mit deiner Kraft.
Dein Schöpferwort rief uns zum Sein: nun auch uns Gottes Odem ein.

2. Komm, Tröster, der die Herzen lenkt, du Beistand, den der Vater schenkt;
aus dir strömt Leben, Licht und Glut, du gibst uns Schwachen Kraft und Mut.

3. Dich sendet Gottes Allmacht aus im Feuer und in Sturmes Braus;
du öffnest uns den stummen Mund und machst der Welt die Wahrheit kund.

7. Den Vater auf dem ewgen Thron und seinen auferstandnen Sohn,
dich, Odem Gottes, Heilger Geist, auf ewig Erd und Himmel preist. Amen.

(Text: »Veni Creator Spiritus«, Übertragung Friedrich Dörr 1969)

Alternative: Von Gott will ich nicht lassen (EG 356, 1+3+8)

Fürbittengebet

Bewahre uns, Gott, behüte uns, Gott,
sei mit uns auf unsern Wegen.
Sei Quelle und Brot in Wüstennot,
sei um uns mit deinem Segen.

Bewahre uns, Gott, behüte uns, Gott,
sei mit uns in allem Leiden.
Voll Wärme und Licht im Angesicht,
sei nahe in schweren Zeiten.

Bewahre uns, Gott, behüte uns, Gott,
sei mit uns vor allem Bösen.
Sei Hilfe, sei Kraft, die Frieden schafft,
sei in uns, uns zu erlösen.

Bewahre uns, Gott, behüte uns, Gott,
sei mit uns durch deinen Segen.
Dein Heiliger Geist, der Leben verheißt,
sei um uns auf unsern Wegen.
(EG 171, 1-4; Text: Eugen Eckert (1985) 1987)

Vaterunser

Segen

Es segne euch der dreieinige Gott.
Der Vater, der die Liebe genannt wird.
Der Sohn, der diese Liebe auf Erden sichtbar macht.
Der Heilige Geist, der uns immer wieder zur Liebe begeistert.
So geht im Namen unseres Gottes,
des Vaters und des Sohnes und des Heiligen Geistes.
Amen.

Erntedank – Ströme lebendigen Wassers

Vorbemerkung
Für die Gestaltung des Gottesdienstes werden benötigt: eine Kanne mit Wasser und eine Schale, um das Wasser aufzufangen.

Begrüßung

Liebe Gemeinde!
Ich habe etwas mitgebracht. Etwas, womit jeder von uns heute schon in Berührung gekommen ist. Es ist hier in diesem Krug. *[Krug hochhalten.]*
Es ist etwas Kostbares. Etwas Erfrischendes. Etwas Wohltuendes. Etwas Lebensnotwendiges. – Es ist Wasser. *[Pfarrer schüttet ganz langsam Wasser aus dem Krug in eine bereitstehende Schale.]*
Schön, wie das Wasser in die Schale plätschert. Reines, klares Wasser. Tropfen für Tropfen. Kühl und frisch. Fühlen Sie mal. *[Pfarrer geht mit der Wasserschale an jedem vorbei, sodass jeder, der möchte, seine Finger mit etwas Wasser aus der Schale benetzen kann.]*
Wir feiern heute Erntedank. Wir danken Gott für alles, was uns am Leben erhält. Wasser gehört dazu. Ohne Wasser kann kein Mensch, kein Tier, keine Pflanze leben. Ja, Wasser ist lebenswichtig, lebenserhaltend, lebensnotwendig. Darum wohl auch sagt der Beter des 23. Psalms vertrauensvoll von Gott: »*Er führet mich zum frischen Wasser.*«
Wir wollen Gott in diesem Gottesdienst für das Wasser danken. Dafür, dass auch uns das Wasser am Leben erhält, dass es uns erfrischt, dass es uns reinigt, dass es unseren Durst stillt.

Lied: Brunn alles Heils (EG 140, 1-2+5)

2.
Der Herr, der Schöpfer, bei uns bleib,
er segne uns nach Seel und Leib,
und uns behüte seine Macht
vor allem Übel Tag und Nacht.

5.
Gott Vater, Sohn und Heilger Geist,
o Segensbrunn, der ewig fließt:
durchfließ Herz, Sinn und Wandel wohl,
mach uns deins Lobs und Segens voll!

(Text: Gerhard Tersteegen 1745)

Alternative: Erfreue dich, Himmel, erfreue dich (GL 259, 1-6)

Psalmworte

Wir hören Worte aus den Psalmen. Worte, die von Gott, dem Schöpfer des lebensschaffenden Wassers handeln. Glaubensworte.

[Die kurzen Psalmverse sind vorher vom Pfarrer vergrößert kopiert worden und werden nun von drei Gottesdienstbesuchern vorgelesen.]

Der Herr ist mein Hirte,
mir wird nichts mangeln.
Er weidet mich auf einer grünen Aue
und führet mich zum frischen Wasser.
(Psalm 23, 1-2)

Wie der Hirsch lechzt nach frischem Wasser,
so schreit meine Seele, Gott, zu dir.
(Psalm 42,2)

Gott, du bist mein Gott, den ich suche.
Es dürstet meine Seele nach dir,
mein ganzer Mensch verlangt nach dir
aus trockenem, dürrem Land, wo kein Wasser ist.
(Psalm 63,2)

Gebet

Herr, mein Gott.
Ich danke dir für deine wunderbare Schöpfungsgabe – das Wasser.
Es verwandelt trockene Erde in fruchtbares Land.
Es ist Lebensraum für viele Tiere.
Es schafft und erhält Leben.

Das Wasser – es ist Nahrung für alle Lebewesen – auch für mich.
Es stillt meinen Durst.
Es reinigt meinen Körper.
Es erfrischt mich.
Es weckt neue Lebenskräfte in mir.

Herr, mein Gott.
Wasser ist ein so kostbares Geschenk von dir.
Mit Wasser bin ich getauft.
Von Wasser lebe ich.
Hab Dank dafür, mein Gott.
Amen.

Lied: Ich singe dir mit Herz und Mund (EG 324, 1-2+ 4+12)

Alternative: Den Herren will ich loben (GL 261, 1-3)

Ansprache

Liebe Gemeinde!
In der Bibel gibt es viele Wasserstellen, Wassererfahrungen, Wassergeschichten. Geschichten, die uns zeigen: Unser Gott weiß, was wir brauchen. Er weiß, wie lebensnotwendig, wie lebenswichtig Wasser für uns Menschen ist. Zwei Wassergeschichten aus der Bibel möchte ich Ihnen erzählen.

Hier ist meine erste Wassergeschichte. *[Pfarrer gießt Wasser aus dem Krug in die Schale.]* Sie liegt lange zurück. Sehr lange. Erinnern wir uns: Mose hatte das Volk Israel aus Ägypten herausgeführt. Endlich, nach Jahren der Knechtschaft, war man frei. Und das Volk zieht durch die Wüste – dem gelobten Land, dem Land der Freiheit entgegen.
Doch in der Wüste ist es heiß. Und trocken. Und staubig. Die Sonne brennt heiß auf die Männer und Frauen und Kinder des Volkes Israel hernieder. Es ist kaum noch zum aushalten für die Menschen. Vor allem – sie haben Durst. *[Pfarrer gießt erneut Wasser aus dem Krug in die Schale.]* Sie sehnen sich nach Wasser. Nach klarem, frischen Wasser. Doch keine Oase, keine Quelle, kein Brunnen ist in Sicht. Die Kehlen sind trocken. Die Menschen haben kaum noch Kraft für den nächsten Schritt. Sie haben kaum noch Hoffnung. Wie sollen sie auch ohne Wasser hier in der Wüste überleben?
Die Israeliten fangen an zu murren. Sie beschweren sich bei Mose. Sie klagen und rufen zu Mose: Wären wir doch in Ägypten geblieben. Da hatten wir wenigstens genug zu essen und zu trinken. Aber hier in der Wüste, ohne Wasser, werden wir umkommen. Willst du das, Mose? Willst du, dass wir alle hier in der Wüste sterben? Lange wird es nicht mehr dauern, wenn wir nicht bald Wasser zu trinken bekommen!
Und Mose? Er sieht die Not seines Volkes. Kennt den Durst, die Not, die Sorgen der ihm anvertrauten Menschen. Mose leidet mit ihnen. Er weiß: Ohne Wasser werden alle verdursten.

Mose betet zu Gott. Er bittet Gott um Wasser. Um lebenserhaltendes Wasser. Und Gott hört, was Mose ihm sagt, was Mose ihm klagt. Und – Gott hilft. Er gibt Mose einen Stab und sagt: »Mose, nimm diesen Stab, versammle das Volk und schlage mit dem Stab zweimal an den Felsen.«
Mose gehorcht Gott. Er schlägt mit dem Stab zweimal an den Felsen. Der bricht auf und Wasser sprudelt aus dem Felsgestein hervor. *[Pfarrer gießt erneut Wasser aus dem Krug in die Schale.]* Frisches Wasser. Die Israeliten jubeln. Wasser. Endlich Wasser. Sie sind gerettet und rufen: »Danke, Gott, für das Wasser. Danke, Gott, du hast uns vor dem Tod bewahrt. Du gibst uns, was wir zum Leben brauchen.«

[An dieser Stelle folgt ein kurzes musikalisches Zwischenspiel.]

Und nun, liebe Gemeinde, meine zweite biblische Wassergeschichte. *[Pfarrer gießt erneut Wasser aus dem Krug in die Schale.]* Sie ereignet sich Jahrhunderte später. Im gelobten Land. In Israel. Am Fluss Jordan. Dort steht der Täufer Johannes. Er predigt den Menschen von Gott. Von einem gottesfürchtigen Leben. Und er sagt den Menschen, dass ER bald kommt. ER, der Sohn Gottes. Jesus Christus. Und die Menschen kommen in Scharen, um sich von Johannes mit Wasser aus dem Jordan taufen zu lassen. *[Pfarrer gießt erneut Wasser aus dem Krug in die Schale.]*
Eines Tages erscheint auch Jesus am Jordan. Er lässt sich von Johannes mit Wasser aus dem Fluss taufen. Und im selben Augenblick geschieht etwas Wunderbares, etwas Himmlisches. Etwas Göttliches. Der Himmel öffnet sich und Gott fliegt in einer Taube herab und spricht: *»Du bist mein lieber Sohn, an dem ich Gefallen habe.«*

Liebe Gemeinde! Auch wir sind als kleine Kinder getauft worden. Mit Wasser getauft. *[Pfarrer gießt erneut Wasser aus dem Krug in die Schale.]* Dies soll für uns alle noch einmal deutlich werden, wenn ich nun auf ihre Stirn ein Kreuz mit Wasser zeichne.
[Pfarrer geht mit dem Wassergefäß zu jedem Gottesdienstbesucher, zeichnet ein Kreuz mit Wasser auf dessen Stirn und spricht: »Du bist ein Kind Gottes. Getauft mit Wasser im Zeichen des Kreuzes.«]
Liebe Gemeinde! Seit unserer Taufe gehören wir zu Gott. Seither tragen wir sozusagen sein Wasserzeichen. Seither sind wir mit ihm verbunden.

Seither sind wir Kinder Gottes und dürfen zu Gott sagen: Vater unser. – Gott sei Dank. Amen.

Lied: Ich bin getauft auf deinen Namen (EG 200, 1-2)

2.
Du hast zu deinem Kind und Erben,
mein lieber Vater, mich erklärt;
du hast die Frucht von deinem Sterben,
mein treuer Heiland, mir gewährt;
du willst in aller Not und Pein,
o guter Geist, mein Tröster sein.

(Text: Johann Jakob Rambach 1735)

Alternative: Ich bin getauft und Gott geweiht (GL 635, 1-3)

Fürbittengebet

Mein Gott. Ich danke dir für das Geschenk des Wassers.
Es erfrischt mich, wenn ich es auf meiner Haut spüre.
Es stillt meinen Durst, wenn ich es trinke.
Es reinigt mich, wenn ich mich damit wasche.

Mein Gott. In der Bibel hören wir:
Immer wieder hat Wasser Menschen bewahrt.
Es hat die Arche mit Noahs Familie und allen Tieren getragen,
es hat das Volk Israel in der Wüste gerettet,
es hat Erschöpften, wie dem Propheten Elia, neue Kraft geschenkt.

Mein Gott. Mit Wasser wurde Jesus von Johannes im Jordan getauft.
Mit Wasser bin auch ich auf deinen Namen getauft.
Dieses Wasserzeichen der Taufe sagt mir:
Ich bin von dir gesegnet – heute und alle Tage meines Lebens.
Ich bin von dir geliebt – ein Leben lang.
Ich bin bei dir geborgen – auch über mein Leben hinaus.

Ich danke dir dafür, Gott. Amen.

Vaterunser

Segen

Gott, der einst das Wasser schuf, segne euch.
Jesus Christus, in dessen Namen ihr getauft seid, begleite euch.
Der Heilige Geist, die Kraft Gottes, erfrische euch immer wieder neu an Leib und Seele.
So geht nun im Namen des Vaters und des Sohnes und des Heiligen Geistes. Amen.

Kirchenjahresende – Eine Hand voll Erde

Vorbemerkung
Im Altarraum steht ein Behältnis mit Torferde. Während der Begrüßung und der Ansprache entnimmt der Pfarrer mehrmals eine Hand voll Erde und lässt die Erde dann zu Boden fallen. Entsprechend der Anzahl der Gottesdienstbesucher stehen weitere kleine, mit Erde gefüllte Blumentöpfe bereit, die während der Ansprache an die Gottesdienstbesucher verteilt werden, damit sie etwas Erde mit ihren Händen greifen, fühlen, wahrnehmen können.

Begrüßung

Liebe Gemeinde!
Am Anfang, ganz am Anfang, da schuf Gott der Schöpfer Himmel und Erde, Tag und Nacht, Sonne und Mond, Tiere und Pflanzen. Und zuletzt, als Krone der Schöpfung, schuf Gott den Menschen. Aus Erde. *[Pfarrer greift in ein Behältnis mit Erde und lässt eine Hand voll Erde zu Boden fallen.]* Aus ganz normaler Erde. Vom Acker. Die Bibel sagt: »*Da machte Gott der Herr den Menschen aus Erde vom Acker und blies ihm den Odem des Lebens in seine Nase. Und so ward der Mensch ein lebendiges Wesen.*« (1. Mose 2,7)
Nach der Bibel ist der Mensch Erde. Nichts als Erde. *[Pfarrer greift erneut in ein Behältnis mit Erde und lässt eine Hand voll Erde zu Boden fallen.]* Eine Hand voll Erde. Erst der Atem Gottes macht den Menschen zu einem lebendigen Wesen. Und wenn Gott uns seinen Lebensatem wieder entzieht, dann sterben wir. *[Pfarrer greift erneut in ein Behältnis mit Erde und lässt eine Hand voll Erde zu Boden fallen.]* Dann werden wir wieder zu Erde. Darum hören wir auch bei jeder Beerdigung am Grab die Worte: Erde zu Erde, Asche zu Asche, Staub zu Staub.
Erde – kostbare Erde. *[Pfarrer greift erneut in ein Behältnis mit Erde*

und lässt eine Hand voll Erde zu Boden fallen.] Erde, aus der wir sind, und auf der wir leben und zu der wir wieder werden. Erde – sie soll heute im Mittelpunkt unseres Gottesdienstes stehen.
Ich begrüße Sie dazu ganz herzlich. Wir feiern diesen Gottesdienst am Ewigkeitssonntag im Namen Gottes, von dem wir sagen: Unsere Hilfe steht im Namen des Herrn, der Himmel und Erde gemacht hat.
Gott begleite hier in der Kirche unser Singen und Beten. Unser Hören und Reden. Unser Tun und Lassen. Er sei in unserer Ruhe und in unserer Unruhe. Alles sei Gott in die Hände gelegt.

Lied: Gott des Himmels und der Erden (EG 445, 1+5-7)

5.
Führe mich, o Herr, und leite
meinen Gang nach deinem Wort;
sei und bleibe du auch heute
mein Beschützer und mein Hort.
Nirgends als von dir allein
kann ich recht bewahret sein.

6.
Meinen Leib und meine Seele
samt den Sinnen und Verstand,
großer Gott, ich dir befehle
unter deine starke Hand.
Herr, mein Schild, mein Ehr und Ruhm,
nimm mich auf, dein Eigentum.

7.
Deinen Engel zu mir sende,
der des bösen Feindes Macht,
List und Anschlag von mir wende
und mich halt in guter Acht,
der auch endlich mich zur Ruh
trage nach dem Himmel zu.
(Text und Melodie: Heinrich Albert 1642)

Alternative: Herr, deine Güt ist unbegrenzt (GL 289, 1+2)

Psalm 90, 1-5.6 b-12

Herr, du bist unsre Zuflucht für und für.
Ehe denn die Berge wurden und die Erde und die Welt geschaffen wurden,
bist du, Gott, von Ewigkeit zu Ewigkeit.
Der du die Menschen lässest sterben
und sprichst: Kommt wieder, Menschenkinder!
Denn tausend Jahre sind vor dir wie der Tag,
der gestern vergangen ist,
und wie eine Nachtwache.
Du lässest sie dahinfahren wie einen Strom,
sie sind wie ein Schlaf,
wie ein Gras, das am Morgen noch sprosst,
das am Morgen blüht und sprosst
und des Abends welkt und verdorrt.
Das macht dein Zorn, dass wir so vergehen,
und dein Grimm, dass wir so plötzlich dahin müssen.
Denn unsre Missetaten stellst du vor dich,
unsre unerkannte Sünde ins Licht vor deinem Angesicht.
Darum fahren alle unsre Tage dahin durch deinen Zorn,
wir bringen unsre Jahre zu wie ein Geschwätz.
Unser Leben währet siebzig Jahre,
und wenn's hoch kommt, so sind's achtzig Jahre,

und was daran köstlich scheint, ist doch nur vergebliche Mühe;
denn es fähret schnell dahin, als flögen wir davon.
Wer glaubt's aber, dass du so sehr zürnest,
und wer fürchtet sich vor dir in deinem Grimm?
Lehre uns bedenken, dass wir sterben müssen,
auf dass wir klug werden.

Ehr sei dem Vater und dem Sohn und dem Heiligen Geist, wie es war im Anfang, jetzt und immerdar und von Ewigkeit zu Ewigkeit. Amen.

Gebet

Herr, mein Gott.
Heute am Ewigkeitssonntag kommen wir zu dir,
um dein Wort des Trostes zu hören.
Wir kommen zu dir,
um dein Wort des ewigen Lebens zu hören.
Wir kommen zu dir,
um dein Wort der Hoffnung zu hören.

Wir bitten dich:
Schenke uns – trotz allem – dass wir den Mut zum Leben nicht verlieren.
Schenke uns das Vertrauen, dass deine Liebe uns im Leben und im Sterben umgibt.
Schenke uns die Hoffnung, dass der Tod nicht das letzte Wort hat.

Lied: Wer unterm Schutz des Höchsten steht (GL 291, 1-3)

1.
Wer unterm Schutz des Höchsten steht,
im Schatten des Allmächtgen geht,
wer auf die Hand des Vaters schaut,
sich seiner Obhut anvertraut,
der spricht zum Herrn voll Zuversicht:
»Du meine Hoffnung und mein Licht,
mein Hort, mein lieber Herr und Gott,
dem ich will trauen in der Not.«

2.
Er weiß, dass Gottes Hand ihn hält,
wo immer ihn Gefahr umstellt;
kein Unheil, das im Finstern schleicht,
kein nächtlich Grauen ihn erreicht.
Denn seinen Engeln Gott befahl,
zu hüten seine Wege all,
dass nicht sein Fuß an einen Stein
anstoße und verletzt mög sein.

3.
Denn dies hat Gott uns zugesagt:
Wer an mich glaubt, sei unverzagt,
weil jeder meinen Schutz erfährt;
und wer mich anruft, wird erhört.
Ich will mich zeigen als sein Gott,
ich bin ihm nah in jeder Not;
des Lebens Fülle ist sein Teil,
und schauen wird er einst mein Heil.

(Text: nach Psalm 91)

Alternative: Von guten Mächten wunderbar geborgen (EG 652, 1-4; Ausgabe für die Evangelische Kirche im Rheinland, von Westfalen und die Lippische Landeskirche)

Ansprache

Liebe Gemeinde!
Erde. *[Pfarrer greift in ein Behältnis mit Erde und lässt eine Hand voll Erde zu Boden fallen.]* Kostbare Erde. Aus Erde hat Gott uns Menschen geschaffen. Darum nennt die Bibel den ersten Menschen auch Adam, zu deutsch ›Erdling‹: Weil wir nämlich Menschen aus Erde sind, weil wir Menschen auf der Erde leben und weil wir im Tod wieder zu Erde werden.
Erde – *[Pfarrer greift in ein Behältnis mit Erde und lässt eine Hand voll Erde zu Boden fallen.]* Kostbare Erde. Lebensraum für Bäume und Pflanzen. Für Regenwürmer und Ameisen. Alles, was wachsen und Frucht bringen kann, kommt aus der Erde. Alles, was verwelkt und stirbt, nimmt die Erde wieder auf in ihr Reich, ins Erdreich.
Erde – *[Pfarrer greift in ein Behältnis mit Erde und lässt eine Hand voll Erde zu Boden fallen.]* Kostbare Erde. Auf der Erde gehen wir. Auf der Erde stehen wir. Die Erde ist unsere Heimat. Wo unsere Heimaterde ist, da sind wir zu Hause. Da sind wir geerdet. Gott selbst hat uns Menschen die Erde gegeben zum Leben. Gott hat sie uns anvertraut, damit wir sie bebauen und bewahren.

[Musikalisches Zwischenspiel. Währenddessen wird an jeden Gottesdienstbesucher ein kleiner Blumentopf, gefüllt mit Erde, verteilt.]

Liebe Gemeinde! Jeder von Ihnen hat einen kleinen Blumentopf mit Erde bekommen. Mit feuchter, frischer Erde. Mit kostbarer Erde. Mit fruchtbarer Erde. Mit Erde, in der so vieles wachsen und reifen und gedeihen kann – Blumen – Bäume – Getreide – Früchte. – Darum sprechen wir auch von der ›Mutter Erde‹.
Ich bitte Sie: Lassen Sie einmal ihre Finger durch die Erde im Topf kreisen. – Ganz langsam. – Hin und her. – Wie fühlt sich die Erde an? – Ist sie warm oder kalt? – Trocken oder feucht? – Klumpig oder fein? – Lassen Sie ihre Finger noch ein wenig durch die Erde kreisen. – Ganz langsam. – Hin und her. –
Nehmen Sie jetzt ihre Finger aus der Erde. – Zerreiben Sie die kleinen Erdklümpchen zwischen ihren Fingerkuppen. – Ganz langsam. – Hin und her. – Können Sie an Ihren Fingern den erdigen Geruch riechen? –
Fahren Sie ruhig noch ein wenig mit ihren Fingern durch die Erde. – Lassen Sie sich dafür während eines kleinen Orgelspiels Zeit.

[Kleines musikalisches Zwischenspiel]

Liebe Gemeinde! Wir haben uns gerade mit unseren Fingern Erde vertraut gemacht. Ja, die Erde ist uns Menschen nichts Fremdes. Wir selbst, sagt die Bibel, sind ja aus Erde gemacht. Und jeder von uns wird einst wieder zu Erde werden. Jeder von uns wird nach seinem Tod in die Erde zurückkehren. Der Pfarrer wird dann sagen: »Von Erde bist du genommen und zu Erde sollst du wieder werden.«
Erde – *[Pfarrer greift in ein Behältnis mit Erde und lässt eine Hand voll Erde zu Boden fallen.]* Die Erde erinnert uns an unsere Vergänglichkeit. Die Erde erinnert uns daran, dass wir nur Staub sind. Die Erde erinnert uns an unseren Tod. Aber wenn wir einst sterben, dann dürfen wir auf Jesu Worte bauen. Denn er hat gesagt: »*Wenn das Weizenkorn nicht in die Erde fällt und erstirbt, bleibt es allein; wenn es aber erstirbt, bringt es viel Frucht.*« (Johannes 12,24)
Das heißt: Wenn uns einst in der dunklen Erde die ›Finsternis des Todes‹ begegnet, dann dürfen wir darauf bauen, dass wir dem Tod entwachsen und auf Gott zuwachsen. Dann dürfen wir darauf bauen, dass Gott uns

aus der Düsternis des Grabes in sein Licht holt. Dass ER uns aus dem Schoß der Erde in seinen Schoß holt. Für immer und auf ewig. So sei es. Gott hat es versprochen. Amen.

Lied: Nun legen wir den Leib ins Grab (EG 520, 1-4)

2.
Was Erde ist und von der Erd
und sich zur Erde wiedrum kehrt,
wird aus der Erde auferstehn,
wenn der Posaune Schall wird gehn.

3.
Sein Seel lebt ewiglich in Gott,
der sie aus Gnad von Not und Tod,
von aller Sünd und Missetat
durch seinen Sohn erlöset hat.

4.
Sein Jammer, Trübsal und Elend
ist kommen an ein sel'ges End;
er hat getragen Christi Joch;
und starb er gleich, so lebt er doch.

(Michael Weiße 1531/Martin Luther 1540)

Alternative: O Welt, ich muss dich lassen (GL 659, 1-3)

Fürbittengebet

1.
Wir sind nur Gast auf Erden
und wandern ohne Ruh
mit mancherlei Beschwerden
der ewigen Heimat zu.

2.
Die Wege sind verlassen,
und oft sind wir allein.
In diesen grauen Gassen
will niemand bei uns sein.

3.
Nur einer gibt Geleite,
das ist der Herre Christ;
er wandert treu zur Seite,
wenn alles uns vergisst.

4.
Gar manche Wege führen
aus dieser Welt hinaus.
O dass wir nicht verlieren
den Weg ins Vaterhaus!

5.
Und sind wir einmal müde,
dann stell ein Licht uns aus,
o Gott, in deiner Güte,
dann finden wir nach Haus.

(Georg Thurmair 1935/1938. Christophorus Verlag, Freiburg. In: EG 981, Ausgabe für die Ev. Landeskirche im Rheinland, von Westfalen und die Lippische Landeskirche)

Vaterunser

Segen

Es segne uns Gott, der uns erschaffen hat.
Es segne uns Jesus Christus, der für uns auferstanden ist von den Toten.
Es segne uns der Heilige Geist, Gottes Beistand für unser Leben und Sterben.

Sommer – Danke für die Sonne

Vorbemerkung
Auf dem Altar steht ein großer, bunter Strauß mit Sonnenblumen. Während des Gottesdienstes erhält jeder Besucher eine Sonnenblume.

Begrüßung

Liebe Gemeinde!
Endlich. Sommerzeit. Sonnenzeit. Alles blüht. Alles grünt. Wir spüren, wie die warmen Strahlen der Sonne unsere Haut streicheln, unserem Körper schmeicheln. Wir genießen die Wärme. Wir freuen uns über die Blumen, die überall wachsen und blühen und ihren Duft verströmen. Schau'n Sie mal: ein herrlicher Strauß steht auch heute auf dem Altar – ein richtig schöner, bunter Sommerstrauß, ein Sonnenblumenstrauß. *[Blumenstrauß für alle gut sichtbar hochhalten.]*
Für mich persönlich ist die Sommerzeit die schönste Zeit im Jahr. Die langen hellen Tage. Die lauen Nächte. Das Zwitschern der Vögel in den Bäumen. Die wärmende Kraft der Sonne. Hin und wieder ein erfrischender Sommerregen.
Und dazu die pralle Natur im Sommer: sattgrüne Bäume, bunte Blumen, blühende Hecken, gold schimmerndes Getreide, leuchtende Sonnenblumenfelder. Die Sommerzeit ist einfach eine herrliche Zeit. Es ist, als ob Gott tief in den Farbkasten gegriffen hätte, um alles bunt zu streichen. Ja, der Sommer erhellt unsere Herzen und unsere Welt. Das Leben wird liebenswert, lobenswert. Die Gefühle schlagen Purzelbäume. Das Herz macht Freudensprünge.
Ähnlich hat auch der Dichter Paul Gerhardt in einem Lied den Sommer beschrieben. Sie kennen es alle. Es ist das Lied: *Geh aus, mein Herz, und suche Freud in dieser lieben Sommerzeit.* Wir wollen gemeinsam die ersten drei Strophen singen:

Lied: Geh aus, mein Herz (EG 503, 1-3)

1.
Geh aus, mein Herz, und suche Freud
in dieser lieben Sommerzeit
an deines Gottes Gaben;
schau an der schönen Gärten Zier
und siehe, wie sie mir und dir
sich ausgeschmücket haben,
sich ausgeschmücket haben.

2.
Die Bäume stehen voller Laub,
das Erdreich decket seinen Staub
mit einem grünen Kleide;
Narzissus und die Tulipan,
die ziehen sich viel schöner an
als Salomonis Seide,
als Salomonis Seide.

3.
Die Lerche schwingt sich in die Luft,
das Täublein fliegt aus seiner Kluft
und macht sich in die Wälder;
die hochbegabte Nachtigall
ergötzt und füllt mit ihrem Schall
Berg, Hügel, Tal und Felder,
Berg, Hügel, Tal und Felder.

(Text: Paul Gerhardt 1653)

Psalm 113, 1-3 + 72,17

Halleluja!
Lobet, ihr Knechte des Herrn, lobet den Namen des Herrn!
Gelobt sei der Name des Herrn von nun an bis in Ewigkeit!
Vom Aufgang der Sonne bis zu ihrem Niedergang
sei gelobet der Name des Herrn!
Sein Name bleibe ewiglich; solange die Sonne währt, blühe sein Name.
Und durch ihn sollen gesegnet sein alle Völker,
und sie werden ihn preisen.

Ehr sei dem Vater und dem Sohn und dem Heiligen Geist, wie es war im Anfang, jetzt und immerdar und von Ewigkeit zu Ewigkeit. Amen.

Gebet

Gott, es ist Sommer.
Die Sonne erhellt die Welt.
Wie wunderbar.

Ich spüre die Strahlen der Sonne –
in meinem Gesicht,
vor meinem Fenster,
auf meiner Haut –
herrlich.

Gott, es ist himmlisch,
diese Wärme, dieses Strahlen, diese Freude.
Du schickst uns das alles durch dein Licht,
durch dein Sonnenlicht. Danke.

Lied: Die helle Sonn leucht' jetzt herfür (EG 437, 1-4 oder GL 667, 1-4)

2.
Herr Christ, den Tag uns auch behüt
vor Sünd und Schand durch deine Güt.
Lass deine lieben Engelein
unsre Hüter und Wächter sein,

3.
dass unser Herz in G'horsam leb,
deim Wort und Willn nicht widerstreb,
dass wir dich stets vor Augen han
in allem, das wir heben an.

4.
Lass unser Werk geraten wohl,
was ein jeder ausrichten soll,
dass unsre Arbeit, Müh und Fleiß
gereich zu deim Lob, Ehr und Preis.

(Text: Nikolaus Herman 1560)

Ansprache

Liebe Gemeinde!
In der Bibel, im 84. Psalm steht dieser herrliche Vers: *Gott, der Herr, ist Sonne und Schild.* Ist das nicht ein wunderbares Bild für Gott? Gott ist wie die Sonne?!
Und das Bild der Sonne – es begleitet uns an vielen Stellen in der Bibel. Erinnern wir uns: Am Anfang, ganz am Anfang da war noch nichts da – die Erde nicht, der Himmel nicht, die Tiere nicht, die Menschen nicht. Es gab keinen Mond, keine Pflanzen, keine Tiere, keine Sonne. Alles war öd und leer, nichts, aber auch gar nichts war da – nur Gott.
Und ER, Gott, wurde erfinderisch, gestalterisch, schöpferisch – in sieben Tagen kreierte er die Welt. Zuerst den Tag und die Nacht, dann Himmel und Erde, Berge, Meer und Täler. Und als Gott damit fertig war, fing er an, die Erde zu begrünen mit Gras und Kräutern, mit Blumen und Bäumen. Und dann kam der vierte Tag seiner Schöpfung. Der Tag, an dem Gott die Sterne modellierte und den Mond und vor allem: die große, helle Sonne. Sie sollte fortan die Erde bescheinen, ihr Licht sollte den Tag regieren, ihre Kraft den Pflanzen beim Wachsen helfen, ihre Strahlen die Menschen aufheitern und wärmen. Und Gott schaute sich die Sonne an, erfreute sich an ihrem Strahlen und fand, dass sie gut war und dass sie gut tut – durch ihre Wärme, durch ihre Strahlkraft.

Und so ein Stückchen Sonne soll auch für jeden von uns erfahrbar, spürbar, sichtbar werden. Wie? Durch einen kleinen Sonnengruß, durch eine leuchtende Sonnenblume. Zeichen der Liebe Gottes – für dich, für mich, für uns alle.

[An jeden Gottesdienstbesucher wird eine Sonnenblume verteilt; im Hintergrund intoniert die Orgel noch einmal die Melodie des Eingangsliedes »Geh aus, mein Herz, und suche Freud«].

Liebe Gemeinde! Die Schöpfung war erschaffen. Die Zeit verging. Dann, endlich, war es so weit. Gott, der Schöpfer, zeigte sich uns Menschen von einer ganz neuen Seite, sozusagen von seiner Sonnenseite: als Geschöpf in Gestalt seines Sohnes Jesus Christus. In ihm, von dem Paul Gerhardt dichtete: *Die Sonne, die mir lachet, ist mein Herr Jesu Christ.*
Und Jesus glühte wie die Sonne Wärme und Licht in das Leben von Menschen. Vor allem in das Leben der Menschen, in deren Leben es dunkel und finster war, die krank waren oder einsam oder traurig. Ihr Leben wurde durch die Begegnung mit Jesus wieder hell und heil, lebenswert und lobenswert. Denn Jesu Worte und Jesu Gesten waren für die Menschen wie Sonnenstrahlen. Wie Sonnenstrahlen der Liebe Gottes – voller Wärme, voller Liebe, voller Hoffnung.
Erfahren hat das zum Beispiel Bartimäus. Der blinde Bettler von Jericho. Jahre schon war es in seinem Leben dunkel, lebte er ohne Kontakte, ohne Blickkontakte, hatten seine blinden matten Augen nichts mehr gesehen: weder das Rot einer Rose, noch das zarte Blau einer Wolke, weder das herrliche Bunt eines Schmetterlings, noch die leuchtend gelbe Sonne.
Doch eines Tages änderte sich das, veränderte sich sein ganzes Leben. Denn Jesus, das Licht der Welt, trat in seine dunkle Welt. Welch ein Segen. Welch ein Geschenk. Und Jesus ließ Bartimäus den Wärmestrahl seiner Liebe spüren, er leuchtete ihm wie die Sonne und da geschah es: Bartimäus konnte wieder sehen. Endlich. Nach so langer Zeit wurde es licht in seinen Augen, kam sein Augenlicht zurück. Und er sah die Sonne und er sah Jesus und er erkannte: *Die Sonne, die mir lachet, ist mein Herr Jesu Christ* – und er folgte Jesus nach. Ja, wenn Jesus einen Menschen anstrahlt, anfasst, anspricht, dann hat das Folgen. Dann führt das in die Nachfolge. Wie bei Bartimäus. Wie bei vielen anderen. Wie auch bei uns.

Liebe Gemeinde! Ich denke, man kann sagen: das ganze Leben Jesu war sozusagen eine Sonnenspur, eine Lichtspur, eine Leuchtspur der Liebe. Denn überall wo Jesus predigte, heilte, segnete, da war es, als ob die Welt in einem neuen Licht erschien. Da war es, als ob die Sonne schien. Da wurde es hell in der Menschen Herzen, da wurden sie offenherzig, warmherzig, barmherzig.
Und es ist wohl so: Wo uns ein Sonnenstrahl der Liebe Gottes trifft, da wachsen wir der Sonne entgegen wie die Sonnenblumen auf dem Feld. Denn die Sonnenblumen *[Sonnenblume aus dem Altarstrauß nehmen und hochhalten.]* drehen sich ja nicht nach dem Wind, sondern sie drehen sich immer nach der Sonne. Darum heißen sie ja auch ›Sonnenblume‹. Und wir – wir sollen auch wie Sonnenblumen sein. Wir sollen Christen sein, die sich nicht an irgendwem orientieren, sondern an unserm Herrn Jesus Christus. An ihm, von dem Paul Gerhardt sagte: *Die Sonne, die mir lachet, ist mein Herr Jesu Christ.* Amen.

Lied: Vom Aufgang der Sonne (EG 456)

[Das Lied wird mit ganz einfachen begleitenden Bewegungen gesungen. Die Gottesdienstbesucher werden eingeladen, die Bewegungen mitzumachen.]

Text	Bewegung
Vom Aufgang der Sonne	*Hände werden vor dem Körper kreisförmig nach oben bewegt*
bis zu ihrem Niedergang	*Hände beschreiben den Kreis nach unten zurück*
sei gelobet der Name des Herrn,	*in die Hände klatschen*
sei gelobet der Name des Herrn.	*in die Hände klatschen*

(Text: Psalm 113,3. Kanon für vier Stimmen: Paul Ernst Ruppel 1938)

Fürbittengebet

Herr, unser Gott.
So wie die Kraft der Sonne Schnee und Eis zum Schmelzen bringen kann,
so möge auch deine Liebe, Gott, alle Kälte unter Menschen vertreiben.
So wie die Sonne unsere Welt erhellt,
so möge auch deine Liebe, Gott, unsere Herzen erwärmen.
So wie die Sonne ihre Strahlen in jeden Winkel der Erde schickt,
so möge auch deine Liebe, Gott, auf alle Menschen ausstrahlen.
So wie die Sonne jeden Tag ihre Bahn am Himmel zieht,
so möge auch deine Liebe, Gott, sich überall Bahn brechen.
So wie die Sonne die Sonnenblumen zum Blühen bringt,
so möge auch deine Liebe, Gott, unter uns Blüten treiben:
Blüten des Glaubens,
Blüten der Hoffnung,
Blüten der Liebe.

Vaterunser

Segen

[Der Pfarrer geht mit einer Sonnenblume aus dem Altarstrauß zu jedem einzelnen Gottesdienstbesucher und spricht ihm – sozusagen durch die Blume – ein persönliches Segenswort zu, etwa:]

Gott segne dich. Seine Liebe strahle wie die Sonne in dein Leben. So wie die Sonne immer über dir aufgeht, so gehe Gott immer mit dir. So wie du die Sonne spürst, so will auch Gott dich seine Liebe spüren lassen.

Herbst – Herbstzeiten

Vorbemerkung
Im Altarraum sind um eine große Vase mit kahlen Ästen herum viele bunte Herbstblätter auf dem Boden verteilt. Für alle sichtbar hängt ebenfalls im Altarraum eine Erntekrone.

Begrüßung

Liebe Gemeinde!
Ich begrüße Sie ganz herzlich zum Gottesdienst. Zum gemeinsamen Singen und Beten. Zum Hören auf Gottes Wort. Zum Innehalten. Zum gemeinsamen Gotteslob.
Diesen Gottesdienst feiern wir im Oktober. Mitten im Herbst. Die Natur ist dabei, ihr Sommerkleid abzustreifen. Die Felder sind abgeerntet. Die letzten Sonnenstrahlen verlieren immer mehr von ihrer Strahlkraft. Die Tage werden kürzer, die Nächte länger. Bis auf die späten Astern sind die meisten Blumen verblüht. Die Äpfel hängen schwer an den Bäumen und fallen zur Erde, werden Fallobst. Die Blätter der Bäume färben sich bunt und wehen zu Boden. Die Welt um uns herum wird kahl. Die Natur stellt sich auf den Winterschlaf ein.
Ein Dichter hat den Herbst einmal wunderschön beschrieben. Ich vermute, viele von Ihnen kennen das Gedicht. Wer möchte, kann es gerne mitsprechen.

Bunt sind schon die Wälder,
gelb die Stoppelfelder,
und der Herbst beginnt.
Rote Blätter fallen,
graue Nebel wallen,
kühler weht der Wind.

(Johann Gaudenz Freiherr von Salis-Seewis)

Liebe Gemeinde! Auf diese Zeit des Herbstes weisen uns auch die kahlen Äste und das bunte Laub im Altarraum hin. Ebenso die schöne Erntekrone, geschmückt mit Früchten des Feldes. Um den Herbst, um den Herbst in der Natur, aber auch um den Herbst unseres Lebens soll es in diesem Gottesdienst gehen. Wir wollen ihn mit dem folgenden Lied gemeinsam beginnen:

Lied: Gott liebt diese Welt (GL 297, 1-4)

1. Gott liebt diese Welt,
und wir sind sein Eigen.
Wohin er uns stellt,
sollen wir es zeigen:
Gott liebt diese Welt.

2. Gott liebt diese Welt.
Er rief sie ins Leben.
Gott ist's, der erhält,
was er selbst gegeben.
Gott gehört die Welt.

3. Gott liebt diese Welt.
Feuerschein und Wolke
und das heilge Zelt
sagen seinem Volke:
Gott ist in der Welt.

14. Gott liebt diese Welt.
Ihre Dunkelheiten
hat er selbst erhellt.
Im Zenit der Zeiten
kam sein Sohn zur Welt.

Alternative: Wir pflügen und wir streuen (EG 508, 1-3)

Psalm 25, 1-7+10

Nach dir, Herr, verlanget mich.
Mein Gott, ich hoffe auf dich;
lass mich nicht zuschanden werden,
dass meine Feinde nicht frohlocken über mich.
Denn keiner wird zuschanden, der auf dich harret;
aber zuschanden werden die leichtfertigen Verächter.
Herr, zeige mir deine Wege und lehre mich deine Steige!

Leite mich in deiner Wahrheit und lehre mich!
Denn du bist der Gott, der mir hilft;
täglich harre ich auf dich.
Gedenke, Herr, an deine Barmherzigkeit und an deine Güte,
die von Ewigkeit her gewesen sind.
Gedenke nicht der Sünden meiner Jugend und meiner Übertretungen,
gedenke aber meiner nach deiner Barmherzigkeit,
Herr, um deiner Güte willen!
Die Wege des Herrn sind lauter Güte und Treue
für alle, die seinen Bund und seine Gebote halten.

Ehr sei dem Vater und dem Sohn und dem Heiligen Geist, wie es war im Anfang, jetzt und immerdar und von Ewigkeit zu Ewigkeit. Amen.

Gebet

Herr, mein Gott.
Es ist Herbst.
Die Natur bereitet sich auf den Winterschlaf vor.
Das zeigen uns auch die kahlen Äste in der Kirche
und die welken Blätter am Boden.
Was eben noch voller Lebenskraft war, vergeht –
das trifft auch auf uns Menschen zu.
Auch unsere Lebenszeit ist nur gestundete Zeit.
Auch wir haben hier keine bleibende Stadt.
Auch wir sind vergänglich, endlich, sterblich.
Auch wir gehen auf eine Lebensgrenze, auf den Tod zu.

Darum bitten wir dich, Gott:
Stärke in uns den Glauben, dass du der Herr bist über Leben und Tod.
Stärke in uns das Vertrauen,
dass alles Werden und Vergehen von deinen Händen umfangen ist.
Stärke in uns die Hoffnung,
dass hinter unserem Ende ein neuer Anfang auf uns wartet.
Amen.

Lied: Die Herrlichkeit der Erden (EG 527, 1+5-6+10)

5.
Wie eine Rose blühet,
wenn man die Sonne siehet
begrüßen diese Welt,
die, eh der Tag sich neiget,
eh sich der Abend zeiget,
verwelkt und unversehens fällt:

6.
so wachsen wir auf Erden
und denken groß zu werden,
von Schmerz und Sorgen frei;
doch eh wir zugenommen
und recht zur Blüte kommen,
bricht uns des Todes Sturm entzwei.

10.
Wohl dem, der auf ihn trauet!
Er hat Recht fest gebauet,
und ob er hier gleich fällt,
wird er doch dort bestehen
und nimmermehr vergehen,
weil ihn die Stärke selbst erhält.

(Text: Andreas Gryphius 1650.
Melodie: O Welt, ich muss dich lassen)

Alternative: Gott wohnt in einem Lichte (GL 290, 1-3)

Ansprache

Liebe Gemeinde!
Der Herbst ist eine ganz besondere Jahreszeit. Eine Zeit, in der die Natur zur Ruhe kommt. Eine Zeit des Verblühens. Eine Zeit des Rückgangs. Eine Zeit der Vergänglichkeit.
Was wir in der Natur beobachten können, das gilt auch für uns Menschen. Denn so wie wir im Herbst das Kahlwerden der Bäume und das Fallen der Blätter erleben, so spüren wir ja auch selbst, dass wir älter werden und gesetzter und gebrechlicher: das Gehen fällt schwerer, die Augen spielen nicht mehr so mit, die Gedanken bekommen manchmal Sprünge. Es gilt, Krankheiten zu akzeptieren, liebe Menschen sind bereits verstorben und wir selbst ahnen auch, dass wir unausweichlich dem Ende entgegengehen. Ja, was Herbst, was Vergänglichkeit in unserem Leben bedeutet, das kennen, das spüren, das erleben auch wir – an uns und an anderen. Das anzunehmen ist nicht immer leicht.
Und trotzdem dürfen wir glauben: hinter allem Fallen und Vergehen, hinter allen Abschieden und allem Loslassenmüssen stehst du, Gott. DU umschließt das alles mit deiner Liebe. Und DU hast uns zugesagt: *Auch bis in euer Alter bin ich derselbe, und ich will euch tragen, bis ihr grau werdet; ich will heben und tragen und erretten.* (Jesaja 46,4) Wir wollen auf diese Zusage Gottes mit einem Liedvers antworten (EG 329,1):

1. Bis hierher hat mich Gott gebracht
durch seine große Güte,
bis hierher hat er Tag und Nacht
bewahrt Herz und Gemüte,
bis hierher hat er mich geleit',
bis hierher hat er mich erfreut,
bis hierher mir geholfen.

(Text: Ämilie Juliane von Schwarzburg-Rudolstadt, vor 1685)

Herbstzeit, liebe Gemeinde, ist auch Erntezeit. Die Äste der Obstbäume biegen sich unter der Last der reifen Äpfel, Birnen und Pflaumen. Kartoffeln, Kohl und anderes Gemüse werden geerntet. Die Felder werden abgemäht. Die Ernte eingefahren. Daran erinnert uns die schöne Erntekrone über dem Altar.

Erntezeit – das ist auch ein Sinnbild für unser Leben, für unsere Lebensernte. Wir denken zurück an unsere Kindheit und Jugend. – An gute und an schwere Zeiten. – Wir denken an Kriegs- und Friedenszeiten. – An Zeiten des Glücklichseins und an Zeiten, die vielen viele Tränen abpressten: Vertreibung, Flucht, Neuanfang. – Ihre Generation hat viel geackert und gerackert. – Für viele galt: Arbeit war ihr Leben. – Wir denken an unsere Hochzeit. – An die Geburt der Kinder und Enkelkinder. – An Früchte, die in unserem Leben gereift sind, die uns und anderen gutgetan haben.
Wir spüren vielleicht: da ist so viel in unserem Lebensrucksack – so viel, wofür wir Gott danken können: für Bewahrung in mancher Not, für das Ungute, was sich dann doch gut gefügt hat. Da ist so viel, was wir Gott klagen möchten: eigenes und fremdes Leid, eine Schuld, die noch drückt, immer noch. Da ist so viel, was wir selbst vielleicht noch ändern, verändern, umändern möchten: ein Wort der Vergebung muss noch gesagt oder ein Gespräch geführt oder ein Abschied verarbeitet werden.

Liebe Gemeinde! Der Gott vertrauende Mensch weiß darum, dass – neben Glücksmomenten und erfüllten Tagen – auch Dürrezeiten und Mangel und Trauer eine wichtige Zugabe zum Leben sind. Durch sie sind wir gereift. An ihnen sind wir gewachsen. Gott hat uns in ihnen begleitet.
Schöner als Martin Luther kann man diese Erfahrung kaum in Worte fassen. Luther hat einmal gesagt: »Niemals empfindet man wohl die Hand Gottes kräftiger über sich, als wenn man die Jahre seines vergangenen Lebens betrachtet und mit dieser Erfahrung nach vorn blickt.«
Dies bringt auch unser nächstes Lied zum Ausdruck. Wir wollen es singen:

Lied: Von Gott will ich nicht lassen (EG 365, 1+7-8)

1.
Von Gott will ich nicht lassen,
denn er lässt nicht von mir,
führt mich durch alle Straßen,
da ich sonst irrte sehr.
Er reicht mir seine Hand,
den Abend und den Morgen
tut er mich wohl versorgen,
wo ich auch sei im Land.

7.
Obwohl ich hier schon dulde
viel Widerwärtigkeit,
wie ich auch wohl verschulde,
kommt doch die Ewigkeit,
ist aller Freuden voll,
die ohne alles Ende,
dieweil ich Christus kenne,
mir widerfahren soll.

8.
Das ist des Vaters Wille,
der uns geschaffen hat.
Sein Sohn hat Guts die Fülle
erworben uns und Gnad.
Auch Gott der Heilig Geist
im Glauben uns regieret,
zum Reich der Himmel führet.
Ihm sei Lob, Ehr und Preis!

(Text: Ludwig Helmbold 1563, Nürnberg 1569)

Alternative: Herr, dir ist nichts verborgen (GL 292, 1-4)

Fürbittengebet

[Zu Beginn des Fürbittengebetes wird an jeden Gottesdienstbesucher ein Herbstblatt verteilt.]

Herr, mein Gott.
Bis hierher hast du mich gebracht.
Von Geburt an bis heute.
Vom Frühling meines Lebens bis zu seinem Herbst.
Du umfasst alles Reifen und Gedeihen,

alles Werden und Vergehen.
Wie bei dem Blatt in meiner Hand.
Es ist an einem Baum gewachsen.
Zur Zierde eines Astes.
Von Licht und Schatten berührt.
Sonne und Regen ausgesetzt.
Spuren trägt es, die im Laufe des Jahres entstanden sind.
Nun im Herbst ist es bunt geworden,
trocken und zerbrechlich:
der Baum hat mein Blatt losgelassen.
Ein Zeichen der Vergänglichkeit, des Verwelkens.

Gott, auch ich muss das Loslassen lernen.
Auch ich spüre das Nachlassen meiner körperlichen und geistigen Kräfte.
Ich spüre, dass ich nichts festhalten kann.
Aber ich vertraue darauf, dass du, Gott, mich hältst,
dass du bei mir bist,
dass du mich durch den Herbst meines Lebens begleitest und trägst –
bis zuletzt und darüber hinaus.
Amen.

Vaterunser

Segen

Gott segne dich und behüte dich.
Gott leite dich und begleite dich.
Gott sei in dir und mit dir –
heute und alle Tage, die er noch für dich bereithält.
Amen.

Winter – Umhüllt vom Mantel der Liebe

Vorbemerkung
Benötigt wird ein Mantel als Vorzeigeobjekt. Des Weiteren erhält jeder Gottesdienstbesucher am Ende einen Stoffschal überreicht mit der Aufschrift ›Gottes Liebe wärme dich‹. Die Schals wurden freundlicherweise von ehrenamtlichen Grünen Damen aus Stoff geschnitten und mit der o. g. Aufschrift bestickt.

Begrüßung

Liebe Gemeinde!
Herzlich willkommen. Gott lädt uns ein, Gast bei ihm zu sein. Sein Wort zu hören. Seinen Trost zu empfangen. Seine Liebe zu spüren.
Liebe Gemeinde! Wir feiern diesen Gottesdienst mitten im Winter. Draußen ist es kalt und ungemütlich. Frostig. Eisig. Schneeig. Gut, wenn man dann einen Mantel hat. *[Mantel zeigen.]* Einen Mantel, der wärmt. Einen Mantel, der vor Wind und Wetter schützt. Einen Mantel, der mich umhüllt.
Ähnlich ist es mit Gottes Liebe. Gottes Liebe will mich wärmen wie ein Mantel. Gottes Liebe will mich umhüllen wie ein Mantel. Gottes Liebe will mich schützen wie ein Mantel. Ja, Gottes Liebe ist wie ein Mantel *[Mantel zeigen.]*: bergend, wärmend, umhüllend – einfach schön.

Lied: Ach bleib mit deiner Gnade (EG 347, 1-6)

1.
Ach bleib mit deiner Gnade
bei uns, Herr Jesu Christ,
dass uns hinfort nicht schade
des bösen Feindes List.

2.
Ach bleib mit deinem Worte
bei uns, Erlöser wert,
dass uns sei hier und dorte
dein Güt und Heil beschert.

3.
Ach bleib mit deinem Glanze
bei uns, du wertes Licht;
dein Wahrheit uns umschanze,
damit wir irren nicht.

4.
Ach bleib mit deinem Segen
bei uns, du reicher Herr;
dein Gnad und alls Vermögen
in uns reichlich vermehr.

5.
Ach bleib mit deinem Schutze
bei uns, du starker Held,
dass uns der Feind nicht trutze
noch fäll die böse Welt.

6.
Ach bleib mit deiner Treue
bei uns, mein Herr und Gott;
Beständigkeit verleihe,
hilf uns aus aller Not.

(Text: Josua Stegmann 1627)

Alternative: Auf dich allein ich baue (GL 293, 1-4)

Psalm 63, 2-5. 8-9

Gott, du bist mein Gott, den ich suche.
Es dürstet meine Seele nach dir, mein ganzer Mensch verlangt nach dir
aus trockenem, dürrem Land, wo kein Wasser ist.
So schaue ich aus nach dir in deinem Heiligtum,
wollte gerne sehen deine Macht und Herrlichkeit.
Denn deine Güte ist besser als Leben; meine Lippen preisen dich.
So will ich dich loben mein Leben lang
und meine Hände in deinem Namen aufheben.
Denn du bist mein Helfer,
und unter dem Schatten deiner Flügel frohlocke ich.
Meine Seele hängt an dir; deine rechte Hand hält mich.

Ehr sei dem Vater und dem Sohn und dem Heiligen Geist, wie es war im Anfang, jetzt und immerdar und von Ewigkeit zu Ewigkeit. Amen.

Gebet

Gott,
in deiner Liebe bin ich geborgen,
so war es gestern, so ist es morgen.
Von deiner Liebe weiß ich mich getragen,
heute und an allen Tagen.
Von deiner Liebe kann ich leben,
und sie an and're weitergeben.
Deine Liebe mich wie ein Mantel umgibt,
von dir, Gott, weiß ich mich geliebt.
Amen.

Lied: Du meine Seele, singe (EG 302, 1-3+ 8)

2.
Wohl dem, der einzig schauet
nach Jakobs Gott und Heil!
Wer dem sich anvertrauet,
der hat das beste Teil,
das höchste Gut erlesen,
den schönsten Schatz geliebt;
sein Herz und ganzes Wesen
bleibt ewig unbetrübt.

3.
Hier sind die starken Kräfte,
die unerschöpfte Macht;
das weisen die Geschäfte,
die seine Hand gemacht:
der Himmel und die Erde
mit ihrem ganzen Heer,
der Fisch unzähl'ge Herde
im großen wilden Meer.

8.
Ach ich bin viel zu wenig,
zu rühmen seinen Ruhm;
der Herr allein ist König,
ich eine welke Blum.

Jedoch weil ich gehöre
gen Zion in sein Zelt,
ist's billig, dass ich mehre
sein Lob vor aller Welt.

(Text: Paul Gerhardt 1653)

Alternative: Singet, danket unserm Gott (GL 277, 1-4)

Ansprache

Liebe Gemeinde!

Gottes Liebe ist wie ein Mantel. *[Mantel zeigen.]* Gottes Liebe will uns umhüllen wie ein Mantel. Gottes Liebe will uns wärmen wie ein Mantel. Gottes Liebe will uns warmherzig machen. Barmherzig. Davon erzählt die Geschichte von Martin, der seinen Mantel teilte. Ein Zeichen der Liebe. Es geschah vor langer Zeit.

Martin war damals römischer Soldat. Er kämpfte in Gallien. Eines Tages war ein klirrend kalter Wintertag. Eisiger, schneidender Wind blies über das Land. Schneeflocken wirbelten durch die Luft. Martin erhielt den Auftrag, zur nächsten Stadt zu reiten. Er sollte einen wichtigen Befehl überbringen.
Martin ritt durch die verschneite Winterlandschaft. Der Wind wehte

ihm heftig entgegen. Die Luft war eisig. Der Boden frostig. Gott sei Dank trug Martin einen dicken Mantel. Der Mantel wärmte ihn. Der Mantel schützte ihn vor dem kalten Wind und dem dichten Schneetreiben. Nach einem anstrengenden Ritt sah Martin von Ferne die Lichter der Stadt. Endlich. Das Ziel war nahe. Martin freute sich auf eine beheizte Stube, um sich wieder aufzuwärmen.
Als Martin durch das Stadttor ritt, sah er einen Bettler am Straßenrand. Der Bettler trug nur ein paar Lumpen. Er zitterte. Er fror am ganzen Körper. Martin hörte den Bettler mit schwacher Stimme rufen: »Helft mir. Habt Erbarmen. Ich erfriere.«
Martin sprang sofort vom Pferd. Nahm sein Schwert, zog seinen Mantel aus und teilte den Mantel in der Mitte durch. Die eine Hälfte des Mantels behielt Martin für sich. Die andere Hälfte des Mantels gab er dem frierenden Bettler.
Noch in der gleichen Nacht hatte Martin einen Traum. In diesem Traum sagte Jesus zu ihm: »Martin, dass du dem Bettler die Hälfte deines Mantels gegeben hast, das war gut. Das war himmlisch. Ja, Martin, du hast viel verstanden von der Liebe Gottes. Du hast verstanden: wer Gott liebt, der kann gar nicht anders, als auch die Menschen zu lieben. Danke, Martin.«

Liebe Gemeinde! Martin hat seinen Mantel geteilt. Martin hat dem Bettler mit der Hälfte seines Mantels Wärme, Leben, Liebe geschenkt. Martin wusste: Liebe geht nicht nur durch den Magen, sondern durchs Herz. Und vom Herzen geht sie zu den Armen. Und das nennt man wohl Erbarmen.

[An dieser Stelle spielt der Organist ein kurzes meditatives Orgelstück.]

Liebe Gemeinde! Ich möchte Ihnen in diesem Gottesdienst auch gerne etwas schenken. Keinen Mantel, aber ein Stück Stoff, das sie auch wärmen kann: einen Schal. Einen Schal, auf dem steht: Gottes Liebe wärme dich.

[Pfarrer geht zu jedem Gottesdienstbesucher, gibt oder hängt ihm einen Schal um mit den Worten: Gottes Liebe wärme dich.]

Lied: Lass mich, o Herr, in allen Dingen (EG 414, 1-4)

2.
Gib meinem Glauben Mut und Stärke
und lass ihn in der Liebe tätig sein,
dass man an seinen Früchten merke,
er sei kein eitler Traum und falscher Schein.
Er stärke mich in meiner Pilgerschaft
und gebe mir zum Kampf und Siege Kraft.

3.
Lass mich, solang ich hier soll leben,
in gut und bösen Tagen sein vergnügt
und deinem Willen mich ergeben,
der mir zum Besten alles weislich fügt;
gib Furcht und Demut, wann du mich beglückst,
Geduld und Trost, wann du mir Trübsal schickst.

4.
Ach, hilf mir beten, wachen, ringen,
so will ich dir, wenn ich den Lauf vollbracht,
stets Dank und Ruhm und Ehre bringen,
dir, der du alles hast so wohl gemacht.
Dann werd ich heilig, rein und dir geweiht,
dein Lob verkündigen in Ewigkeit.

(Text: Georg Joachim Zollikofer 1766)

Alternative: Ich will dich lieben, meine Stärke (GL 558, 1-2+5-6)

Fürbittengebet

Herr, unser Gott.
Von deiner Liebe leben wir.
Deine Liebe sollen wir an andere weitergeben.
Wie einst Martin, der seinen Mantel teilte.

Herr, unser Gott.
Von dir heißt es, dass du die Liebe bist.
Wir bitten dich: Erfülle uns mit deiner Liebe,
damit wir die Nöte unserer Mitmenschen sehen.
Wie einst Martin, der seinen Mantel teilte.

Herr, unser Gott.
Dein Sohn Jesus Christus hat uns gelehrt,
Gott und die Menschen zu lieben.
Lass uns das nicht vergessen.
Wie einst Martin, der seinen Mantel teilte.
Amen.

Vaterunser

Segen

Gott sei um dir wie ein bergender Mantel.
Gottes Liebe sei in dir und erfülle dein Leben mit Wärme.
Gottes Segen begleite dich und schütze dich, wohin dein Weg dich auch führt.

Wer singt, betet doppelt

Vorbemerkung
Dieser Gottesdienst ist als Singegottesdienst konzipiert. Zum Tragen kommen bekannte Lieder aus dem Evangelischen Gesangbuch bzw. dem Gotteslob. Lieder, die vielen demenziell Erkrankten aus ihrer religiösen Biografie noch weitgehend bekannt sind. Ein Liedblatt wurde erstellt und verteilt.

Begrüßung

Liebe Gemeinde!
Vielleicht geht es Ihnen ja auch so: Ich singe leidenschaftlich gern. Singen ist für mich etwas Wunderschönes. Singen macht Freude. Singen verleiht der Seele Flügel. Der Volksmund sagt: »Wo man singt, da lass' dich ruhig nieder! Böse Menschen haben keine Lieder!«
Ich erinnere mich an meine Kindheit. Wir haben zu Hause viel gesungen. Gern gesungen. Bei einem Geburtstag beispielsweise, da erklang immer der Kanon: *Viel Glück und viel Segen auf all deinen Wegen, Gesundheit und Frohsinn sei auch mit dabei.* Oder wenn ich an den Wochenenden mit meinem Vater am Möhnesee entlangwanderte, dann stimmten wir immer das Volkslied an: *Auf, du junger Wandersmann, jetzo kommt die Zeit heran, die Wanderzeit, die bringt uns Freud. Woll'n uns auf die Fahrt begeben, das ist unser schönstes Leben, große Wasser, Berg und Tal, anzuschauen überall.*
Oft hatten wir Besuch zu Hause. Nicht selten holte dann mein Opa sein Schifferklavier heraus und jeder konnte sich ein Lied wünschen. Dann erklangen so bekannte Volksweisen, wie: *Sabinchen war ein Frauenzimmer, Es klappert die Mühle am rauschenden Bach, Horch, was kommt von draußen rein, Wenn die bunten Fahnen wehen* oder *Wem Gott will rechte Gunst erweisen.*
Für Martin Luther war Singen die schönste Gabe Gottes. Luther wusste: Wer singt, betet doppelt. Singen bringt die Seele zum Klingen.

Wir wollen das probieren und singen zusammen das schöne Lied *Du meine Seele, singe.*

Lied: Du meine Seele, singe (EG 302, 1-2+8)
Liedtext in »Winter: Umhüllt vom Mantel der Liebe«, S. 90

Alternative: Christen, singt mit frohem Herzen (GL 861, 1-3, Paderborner Anhang)

Psalm 98, 1-9

Singet dem Herrn ein neues Lied, denn er tut Wunder.
Er schafft Heil mit seiner Rechten und mit seinem heiligen Arm.
Der Herr lässt sein Heil kundwerden;
vor den Völkern macht er seine Gerechtigkeit offenbar.
Er gedenkt an seine Gnade und Treue für das Haus Israel,
aller Welt Enden sehen das Heil unsres Gottes.
Jauchzet dem Herrn, alle Welt, singet, rühmet und lobet!
Lobet den Herrn mit Harfen, mit Harfen und mit Saitenspiel!
Mit Trompeten und Posaunen jauchzet vor dem Herrn, dem König!
Das Meer brause und was darinnen ist,
der Erdkreis und die darauf wohnen.
Die Ströme sollen frohlocken,
und alle Berge seien fröhlich vor dem Herrn;
denn er kommt, das Erdreich zu richten.
Er wird den Erdkreis richten mit Gerechtigkeit
und die Völker, wie es recht ist.

Ehr sei dem Vater und dem Sohn und dem Heiligen Geist, wie es war im Anfang, jetzt und immerdar und von Ewigkeit zu Ewigkeit. Amen.

Gebet

Lieber Gott.
Es ist schön, dich zu loben.
Dir zu singen.

Natürlich, Gott –
nicht immer ist uns zum Singen zumute,
manchmal bleiben uns die Lieder im Halse stecken,
es gibt Situationen, wo einem die Kehle wie zugeschnürt scheint:
Krankheit, Leid, Not, Tod.

Aber daneben haben wir auch viel Grund, dir zu danken.
Dir unser Loblied zu singen:
Für unser Leben, das du uns gegeben.
Für die Menschen, die das Leben mit uns teilen.
Für die Liebe, die wir immer wieder erfahren dürfen.

Darum beten wir:
Ich will den Herren droben
hier preisen auf der Erd;
ich will ihn herzlich loben,
solang ich leben werd.
Amen.

Lied: Ich singe dir mit Herz und Mund (EG 324, 1-3)

1.
Ich singe dir mit Herz und Mund,
Herr, meines Herzens Lust;
ich sing und mach auf Erden kund,
was mir von dir bewusst.

2.
Ich weiß, dass du der Brunn der Gnad
und ewge Quelle bist,
daraus uns allen früh und spat
viel Heil und Gutes fließt.

3.
Was sind wir doch? Was haben wir
auf dieser ganzen Erd,
das uns, o Vater, nicht von dir
allein gegeben werd?

(Text: Paul Gerhardt 1653)

Alternative: Lobsinget dem Herrn (GL 231)

Ansprache

Liebe Gemeinde!
Auch wenn wir das manchmal übersehen. Oder anders sehen. Ich denke, jeder von uns hat viele Gründe, Gott zu danken, Gott zu loben, Gott zu singen. Ihm haben wir unser Leben zu verdanken. Auf seinen Namen sind wir als kleine Kinder getauft worden. Oft wurde früher bei der Taufe das Lied gesungen *Ich bin getauft auf deinen Namen* (EG 200,1; alternativ: *Komm, Schöpfer Geist, kehr bei uns ein,* GL 245,1). – Hören Sie? Die Orgel spielt das Lied an. Wir wollen es mitsingen.

1. Ich bin getauft auf deinen Namen,
Gott Vater, Sohn und Heilger Geist;
ich bin gezählt zu deinem Samen,
zum Volk, das dir geheiligt heißt.
Ich bin in Christus eingesenkt,
ich bin mit seinem Geist beschenkt.

(Text: Johann Jakob Rambach 1735)

Ich denke zurück an die Kinderzeit. Die Zeit im Kindergarten. Der erste Gang zur Kirche, zusammen mit den Eltern. Hier in der Kirche hörten Sie zum ersten Mal die Geschichten von Jesus Christus. Und – war das nicht bei Ihnen auch so: Abends kam dann die Mutter vor dem Schlafengehen ans Bett. Sie betete mit uns oder man sang noch zusammen ein Lied. Vielleicht dieses: *Weißt du, wie viel Sternlein stehen* (EG 511, 1). Wir wollen es singen.

1. Weißt du, wieviel Sternlein stehen
an dem blauen Himmelszelt?
Weißt du, wieviel Wolken gehen
weithin über alle Welt?
Gott der Herr hat sie gezählet,
dass ihm auch nicht eines fehlet
an der ganzen großen Zahl,
an der ganzen großen Zahl.

(Text: Wilhelm Hey 1837)

Es dauerte nicht lange und die Kinderschuhe waren vertreten. Stolz wie Oskar gingen Sie ab dem sechsten Lebensjahr zur Schule – mit Ranzen, Tafel, Schwamm und Kreide. Nachmittags mussten viele noch zu Hause helfen. Dem Vater auf dem Feld. Der Mutter im Haus. Und es dauerte nicht lange und sie waren 14 Jahre alt. Für die meisten hieß das: Ende der Schulzeit und Feier der Konfirmation. Der erste Anzug, das erste schwarze Kleid. Festlich war der Konfirmationsgottesdienst und Sie haben gesungen *Großer Gott, wir loben dich* (EG 331, 1 und GL 257).

1. Großer Gott, wir loben dich;
Herr, wir preisen deine Stärke.
Vor dir neigt die Erde sich
und bewundert deine Werke.
Wie du warst vor aller Zeit,
so bleibst du in Ewigkeit.

(Text: Ignaz Franz 1768)

Nach der Konfirmation dann die Ausbildung. Viele erlernten einen Beruf. Wer konnte, fing an zu studieren. Die erste Liebe. Verlobung. Hochzeit. Damals hielt der Bräutigam noch um die Hand seiner Zukünftigen an. Und bei der Trauung sangen Sie *Lobe den Herren, den mächtigen König der Ehren* (EG 316 und GL 258).

Lobe den Herren, den mächtigen König der Ehren,
lob ihn, o Seele, vereint mit den himmlischen Chören.
Kommet zuhauf,
Psalter und Harfe, wacht auf,
lasset den Lobgesang hören!

(Text: Joachim Neander 1680)

Es folgten für Sie schwere Jahre. Kriegsjahre. Die Männer mussten als Soldaten kämpfen. Die Frauen waren an der Heimatfront. Arbeiteten in der Rüstungsindustrie. In Lazaretten. Der Krieg: es war eine schlimme Zeit. So viel Tod. So viel Leid. So viel Angst. So viel Entbehrungen. So viel Kummer. Da haben Sie das nächste Lied sicher im Gottesdienst ganz inbrünstig gesungen *Verleih uns Frieden gnädiglich* (EG 421 und GL 319).

Verleih uns Frieden gnädiglich,
Herr Gott, zu unsern Zeiten.
Es ist doch ja kein andrer nicht,
der für uns könnte streiten,
denn du unser Gott alleine.

(Text: Martin Luther 1529)

Dann, endlich – Gott sei Dank – Frieden. Doch viele Männer waren gefallen oder noch in Gefangenschaft. Also mussten die Frauen ran. Die Trümmerfrauen. Dann das Wirtschaftswunder. Es ging bergauf. Die D-Mark kam. Sie konnten sich wieder etwas kaufen. Begehrt waren der Nierentisch, Nylonstrümpfe, ein Fernseher oder ein Käfer. Die eigenen Kinder wuchsen heran. Fanden ihren Platz im Leben. Enkel wurden geboren. Viele Gründe, Gott zu danken. Vielleicht mit dem Lied *Nun danket alle Gott* (EG 321 und GL 267).

Nun danket alle Gott
mit Herzen, Mund und Händen,
der große Dinge tut
an uns und allen Enden,
der uns von Mutterleib
und Kindesbeinen an
unzählig viel zugut
bis hierher hat getan.

(Text: Martin Rinckart 1636)

Sie haben viele Jahrzehnte Leben hinter sich. Gute Zeiten und schlechte Zeiten. Nun im Alter geht der Blick auch nach vorn. An die Grenze. An die Lebensgrenze. An den Tod. Christen können auf diese Grenze mit Vertrauen, mit ganz viel Gottvertrauen zugehen. Sie wissen: Unser Gott ist ein Gott für Lebende und Tote. Darum können Christen zu Gott sagen: *So nimm denn meine Hände und führe mich bis an mein selig Ende und ewiglich.* Wir wollen dieses Gebet gemeinsam singen (EG 376):

So nimm denn meine Hände
und führe mich
bis an mein selig Ende
und ewiglich.
Ich mag allein nicht gehen,
nicht einen Schritt:
wo du wirst gehn und stehen,
da nimm mich mit.

(Text: Julie Hausmann 1862)

Fürbittengebet

Von guten Mächten wunderbar geborgen,
erwarten wir getrost, was kommen mag.
Gott ist bei uns am Abend und am Morgen
und ganz gewiss an jedem neuen Tag.

Noch will das alte unsre Herzen quälen,
noch drückt uns böser Tage schwere Last.
Ach Herr, gib unsern aufgeschreckten Seelen
das Heil, für das du uns geschaffen hast.

Und reichst du uns den schweren Kelch, den bittern
des Leids, gefüllt bis an den höchsten Rand,
so nehmen wir ihn dankbar ohne Zittern
aus deiner guten und geliebten Hand.

Doch willst du uns noch einmal Freude schenken
an dieser Welt und ihrer Sonne Glanz,
dann wolln wir des Vergangenen gedenken,
und dann gehört dir unser Leben ganz.

Wenn sich die Stille nun tief um uns breitet,
so lass uns hören jenen vollen Klang
der Welt, die unsichtbar sich um uns weitet,
all deiner Kinder hohen Lobgesang.

(Text: Dietrich Bonhoeffer 1944, Widerstand und Ergebung.

Vaterunser

Segen

Nun geht mit dem Segen, der euch schon ein Leben lang begleitet hat.
Geht mit Gottes Segen.
Amen.

Es riecht himmlisch

Vorbemerkung
Vor Beginn des Gottesdienstes werden Duftkerzen und/oder Duftstäbchen angezündet, die im Altarraum verteilt sind. Diese werden im weiteren Verlauf des Gottesdienstes von Mitwirkenden zu den demenzkranken Gottesdienstbesuchern gebracht. Für die Ansprache benötigt der Pfarrer einen Parfumflakon, der im Verlauf der Ansprache zerbrochen wird. Am Ende der Ansprache gehen die Mitwirkenden zu den dementen Menschen und streichen ihnen etwas Duft- bzw. Salböl auf Stirn oder Hand. Empfehlung: Neutrales Körperöl in der Apotheke kaufen und mit Duftölen, zum Beispiel mit Rosenöl, verfeinern.

Begrüßung

Liebe Gemeinde!
Herzlich willkommen in unserer Kirche. Herzlich willkommen zu unserem Gottesdienst. Herzlich willkommen alle miteinander im Angesicht Gottes. ER segne uns unser Singen und unsere Sinne, unser Reden und Hören, unser Bitten und Danken.
Liebe Gemeinde! Sicher haben Sie es alle schon bemerkt – heute riecht, heute duftet es viel stärker in der Kirche als sonst. Ja, man kann sagen: Es liegt was in der Luft – ein ganz besonderer Duft. Das liegt an den Duftstäbchen, die wir im Altarraum verteilt haben und an den ganz besonderen Kerzen, die hier überall aufgestellt sind – Parfümkerzen, Duftkerzen.
Ich finde, die Stäbchen und die Kerzen verbreiten einen sehr schönen, einen sehr angenehmen Geruch, einen Wohlgeruch in der Kirche. Ja, es riecht geradezu himmlisch. Und Sie alle sollen das auch zu spüren bekommen, wie herrlich es im Altarraum duftet, wie gut es riecht. Denn – Duft kann man nicht beschreiben. Einen Duft muss man selbst mit seiner Nase einfangen, aufnehmen, spüren, erschnuppern. Dazu kommen wir jetzt mit Duftstäbchen zu Ihnen. Wenn Sie mögen, riechen Sie daran, rie-

chen Sie den Duft, das Aroma, das die Stäbchen verströmen. Und – lassen Sie sich dafür etwas Zeit.

[Die am Gottesdienst teilnehmenden Helfer gehen mit Duftstäbchen zu den demenziell erkrankten Menschen; währenddessen spielt der Organist ein meditatives Orgelstück.]

Liebe Gemeinde! Um das Thema Duft soll es in den nächsten Minuten gehen. Möge Gott uns diesen Gottesdienst segnen. Möge ER unsere Herzen und Sinne berühren. Möge ER uns spüren lassen, wie betörend es sein kann, wenn ein ganz besonderer Duft uns berührt. Wenn wir durch unsere Nase oder auf unserer Haut wahrnehmen: es ist schön, einen herrlichen Duft zu empfinden.

Lied: Großer Gott, wir loben dich (EG 331, 1+10-11; GL 257, 1+10-11)

1.
Großer Gott, wir loben dich;
Herr, wir preisen deine Stärke.
Vor dir neigt die Erde sich
und bewundert deine Werke.
Wie du warst vor aller Zeit,
so bleibst du in Ewigkeit.

10.
Alle Tage wollen wir
dich und deinen Namen preisen
und zu allen Zeiten dir
Ehre, Lob und Dank erweisen.
Rett aus Sünden, rett aus Tod,
sei uns gnädig, Herre Gott!

11.
Herr, erbarm, erbarme dich.
Lass uns deine Güte schauen;
deine Treue zeige sich,
wie wir fest auf dich vertrauen.
Auf dich hoffen wir allein:
lass uns nicht verloren sein.

(Text: Ignaz Franz 1768)

Psalm 23

Der Herr ist mein Hirte, mir wird nichts mangeln.
Er weidet mich auf einer grünen Aue
und führet mich zum frischen Wasser.
Er erquicket meine Seele.
Er führet mich auf rechter Straße um seines Namens willen.
Und ob ich schon wanderte im finstern Tal, fürchte ich kein Unglück;
denn du bist bei mir, dein Stecken und Stab trösten mich.
Du bereitest vor mir einen Tisch im Angesicht meiner Feinde.
Du salbest mein Haupt mit Öl und schenkest mir voll ein.
Gutes und Barmherzigkeit werden mir folgen mein Leben lang,
und ich werde bleiben im Hause des Herrn immerdar.

Ehr sei dem Vater und dem Sohn und dem Heiligen Geist, wie es war im Anfang, jetzt und immerdar und von Ewigkeit zu Ewigkeit. Amen.

Gebet

Herr, mein Gott.
Ich danke dir, dass ich dich loben und dein Wort hören kann.
Ich danke dir für alles, was mein Leben schön und lebenswert macht.
Ich danke dir, dass ich meine Tage mit meinen Sinnen erleben kann.

Gott, du schenkst mir
Zeit zum Sehen,
Zeit zum Hören,
Zeit zum Wahrnehmen,
Zeit für Ruhe,
Zeit für mich,
Zeit für andere.

Herr, mein Gott.
Ich danke dir, dass du mich liebst
und ich danke dir für die Menschen, die für mich da sind.
Amen.

Lied: Bis hierher hat mich Gott gebracht (EG 329, 1-3)

1.
Bis hierher hat mich Gott gebracht
durch seine große Güte,
bis hierher hat er Tag und Nacht
bewahrt Herz und Gemüte,
bis hierher hat er mich geleit',
bis hierher hat er mich erfreut,
bis hierher mir geholfen.

2.
Hab Lob und Ehr, hab Preis und Dank
für die bisher'ge Treue,
die du, o Gott, mir lebenslang
bewiesen täglich neue.
In mein Gedächtnis schreib ich an:
der Herr hat Großes mir getan,
bis hierher mir geholfen.

3.
Hilf fernerweit, mein treuster Hort,
hilf mir zu allen Stunden.
Hilf mir an all und jedem Ort,
hilf mir durch Jesu Wunden.
Damit sag ich bis in den Tod:
durch Christi Blut hilft mir mein Gott;
er hilft, wie er geholfen.

(Text: Ämilie Juliane von Schwarzburg-Rudolstadt 1699)

Alternative: Du höchstes Licht, du ewger Schein (GL 557, 1-3+5)

Ansprache

Liebe Gemeinde!
Wie schon gesagt: Heute liegt was in der Luft – ein ganz besonderer Duft. *[Parfümflakon hochhalten und genüsslich daran riechen.]* Und zu diesem Parfümfläschchen, das ich hier in meiner Hand halte, möchte ich Ihnen gerne eine Geschichte erzählen. Eine biblische Geschichte. Eine biblische Duftgeschichte. Eine Geschichte, in der Jesus gesalbt wird. Mit kostbarem Öl, mit Nardenöl.
Nardenöl – das war zur Zeit Jesu ein sehr wertvolles Parfüm. Es wurde aus Indien eingeführt. Daher war Nardenöl auch sehr teuer, sehr kostbar. Und vor allem: es verströmte einen sehr anmutigen Duft, es besaß

ein wunderbares Bukett. So wie dieses Parfum in meiner Hand auch. *[Erneut am Parfümflakon riechen.]*

Doch – hören wir, was sich damals ereignete. Damals – wenige Tage vor Jesu Tod. Der Evangelist Markus erzählt uns: Jesus ist in Betanien, einem kleinen Dorf, ganz in der Nähe von Jerusalem. Jesus ist eingeladen worden. Er ist Gast im Hause Simons, einem Freund Jesu, den er vom Aussatz geheilt hatte.
Ich denke, Simon war sicherlich ein sehr guter Gastgeber. Er wird alles bestens für seinen Gast Jesus vorbereitet haben: schönes Geschirr, Blumenschmuck, ein schmackhaftes Essen, vielleicht auch ein wenig Musik im Hintergrund, Freunde und Nachbarn, die ebenfalls geladen waren. Schließlich sollte sich Jesus in Simons Haus wohlfühlen und den Abend genießen.
Doch dann geschieht etwas Ungewöhnliches, etwas Überraschendes. Etwas, womit niemand gerechnet hat. Eine Frau betritt den Raum. Mit schnellen Schritten geht sie auf Jesus zu. In der Hand hat sie ein Fläschchen mit kostbarem Öl. *[Parfümflakon hochheben.]* Sie hebt es in die Höhe, zerbricht es über dem Kopf Jesu. *[Parfümflakon auf den Boden werfen, sodass das Glas zerbricht.]* Schnell verbreitet sich im ganzen Raum ein wunderbarer Duft, wie jetzt auch hier im Altarraum.
Doch zurück zu der Frau. In aller Ruhe, mit ganz viel Liebe und Zärtlichkeit verteilt sie das kostbare Öl auf Jesu Haupt. Sie tut damit, was der 23. Psalm über Gottes Liebe sagt, wo es heißt: *Du salbest mein Haupt mit Öl.*
Und die anwesenden Männer? Wie denken sie über die Frau? Über ihren Akt der Liebe, der Herzlichkeit? Nun – sie machen der Frau Vorwürfe. Sie sagen: »So eine Verschwendung. Mit dem kostbaren Öl hätte man vielen Menschen helfen können.« Doch Jesus nimmt die Frau in Schutz. Er sagt: »Lasst die Frau in Ruhe. Sie hat mir etwas sehr Gutes getan. Wahrlich ich sage euch: Man wird sich noch lange daran erinnern, was diese Frau für mich getan hat.«

Liebe Gemeinde! Ich finde, was hier geschehen ist, das ist wirklich des Erinnerns wert. Zum einen: die Frau tut, was viele für den Kern unseres Glaubens halten. Die Frau übt Nächstenliebe und Gottesliebe. Und – beides gehört zusammen.

Und das andere, was die Geschichte uns zeigt, ist: Die Liebe zu Gott und zu Jesus muss nicht nur tief im Herzen schlummern und verborgen bleiben. Vielmehr darf sich diese Liebe auch zeigen, äußern, spürbar werden. Nicht nur in Worten, auch in Gesten und Zeichen – wie in dem Salben Jesu.
Und das soll nun auch für uns sichtbar, fühlbar, spürbar werden, wenn wir Ihnen, liebe Gottesdienstbesucher, etwas Salböl auf die Stirn oder auf die Hände streichen – als Zeichen der Liebe, als Zeichen von Gott.

[Helfer gehen jetzt zu jedem Gottesdienstteilnehmer und streichen ihm ein wenig Duftsalbe auf die Stirn oder auf die Hand mit den Worten: Gott hat dich lieb. Das will er dich spüren lassen.]

Lied: Lobe den Herren (EG 316, 1-2+4; GL 258, 1-2+4)

1. Lobe den Herren, den mächtigen König der Ehren,
lob ihn, o Seele, vereint mit den himmlischen Chören.
Kommet zuhauf,
Psalter und Harfe, wacht auf,
lasset den Lobgesang hören!

2. Lobe den Herren, der alles so herrlich regieret,
der dich auf Adelers Fittichen sicher geführet,
der dich erhält,
wie es dir selber gefällt;
hast du nicht dieses verspüret?

4. Lobe den Herren, der sichtbar dein Leben gesegnet,
der aus dem Himmel mit Strömen der Liebe geregnet.
Denke daran,
was der Allmächtige kann,
der dir mit Liebe begegnet.

(Text: Joachim Neander 1680)

Fürbittengebet

Herr, mein Gott.
Ich danke dir, dass du mich liebst,
dass du mich deine Liebe spüren lässt.
Das tut so gut.
Das erfrischt Leib und Seele.

Gott, ich bitte dich:
Lass mich immer wieder Spuren deiner Liebe
in meinem Leben entdecken –
durch Menschen, die es gut mit mir meinen,
durch einen liebevollen Blick,
durch eine herzliche Umarmung,
durch eine zärtliche Berührung,
durch eine gütige, helfende Hand.

Gott, sei und bleibe bei mir
in aller Lust und aller Last meines Lebens.
Danke, Gott.
Amen.

Vaterunser

Segen

Gott, der Herr, sei und bleibe bei euch.
Er lasse euch immer wieder seine Liebe spüren.
Er segne euer Tun und Lassen,
euer Bitten und Beten,
euer Spüren und Empfinden.
Amen.

Durch die Blume gesprochen

Vorbemerkung
Alle Gottesdienstbesucher bringen zu diesem Gottesdienst eine Blume mit. Jede Blume wird in Empfang genommen und dann in der vorbereiteten Vase auf den Altar gestellt – als bunter Eyecatcher für alle. Vor der Ansprache erhält jeder eine Rose.

Begrüßung

[Pfarrer hat eine Blume in der Hand.] Ich begrüße Sie – sozusagen durch die Blume. Herzlich willkommen zum heutigen Gottesdienst. Er soll für uns eine bunte, eine blumige Feier werden. Sie alle haben schon dazu beigetragen. *[Pfarrer zeigt auf die Vase mit den Blumen.]* Schauen Sie auf den wunderschönen, vielfarbigen Blumenstrauß hier im Altarraum. Von jedem Gottesdienstbesucher ist eine Blume dabei. Dankeschön.

Liebe Gemeinde! Wenn man Blumen sieht, dann geht einem das Herz auf. Blumen sind ja etwas Großartiges für die Augen, etwas Schönes für die Seele. Symphonien aus Farben und Formen: da ist zum Beispiel der stahlblaue Rittersporn oder die leuchtendgelbe Sonnenblume, der rote Klatschmohn oder das violett gefärbte Veilchen, da ist die prachtvolle Dahlie oder die anmutige Rose. Von ihnen, von allen Blumen gilt: sie tun uns gut; sie sind ein Fingerabdruck Gottes, ein Wink seiner Schöpferkraft. Von ihm erschaffen, unsere Welt zu schmücken und unsere Herzen zu beglücken.
Sicher geht es Ihnen auch so wie mir: ich liebe Blumen – ihre Schönheit, ihre Farbenpracht, den Duft, den sie verströmen. Blumen – wunderschöne Kunstwerke des Meistermalers Gott. Jedes Blatt, jede Blüte, jede Knospe einzigartig ziseliert – ein Kleinod aus Gottes Werkstatt.
In diesem Gottesdienst wollen wir uns an Blumen erfreuen. Wir wollen Gott danken, dass er sie in seinen Schöpferplan aufgenommen hat – ihm zum Lob und uns zur Freude.

Lied: Solang es Menschen gibt auf Erden (GL 300, 1-3)

2.
Solang die Menschen Worte sprechen,
solang dein Wort zum Frieden ruft,
solang hast du uns nicht verlassen.
In Jesu Namen danken wir.

3.
Du nährst die Vögel in den Bäumen,
du schmückst die Blumen auf dem Feld;
du machst ein Ende meinem Sorgen,
hast alle Tage schon bedacht.

(Text: Huub Oosterhuis 1959 »Zolang er mensen zijn op aarde«,
Übertragung Dieter Trautwein 1966/1972.
Melodie: Tera de Marez Oyens-Wansink 1959.
© Burckhardthaus – Laetare Verlag, Offenbach)

Alternative: Du meine Seele, singe (EG 302, 1-2+8)

Psalm 103, 13-18

Wie sich ein Vater über Kinder erbarmt,
so erbarmt sich der Herr über die, die ihn fürchten.
Denn er weiß, was für ein Gebilde wir sind;
er gedenkt daran, dass wir Staub sind.
Ein Mensch ist in seinem Leben wie Gras,
er blüht wie eine Blume auf dem Felde;
wenn der Wind darüber geht, so ist sie nimmer da,
und ihre Stätte kennet sie nicht mehr.
Die Gnade aber des Herrn währt von Ewigkeit zu Ewigkeit
über denen, die ihn fürchten,
und seine Gerechtigkeit auf Kindeskind
bei denen, die seinen Bund halten
und gedenken an seine Gebote, dass sie danach tun.

Ehr sei dem Vater und dem Sohn und dem Heiligen Geist, wie es war im Anfang, jetzt und immerdar und von Ewigkeit zu Ewigkeit. Amen.

Gebet

Mein Gott, Schöpfer allen Lebens.
Überall sind wir von deiner Schöpfung umgeben:
Wolken, Sonne, Mond und Sterne über uns.
Erde, Gras, Moos und Steine unter uns.
Pflanzen, Tiere, Menschen um uns.

Gott, Schöpfer allen Lebens.
Heute wollen wir dir vor allem danken für die Blumen.
Mit ihnen hast du die Erde verziert.
Jede Blume ist ein Farbtupfer gegen alles Grau in Grau.
Ihr Duft verzaubert ein Stückchen Welt.
Ihre Blütenblätter sind wie ein Liebesbrief der Natur – für uns.

Gott, Schöpfer allen Lebens.
Beim Anblick einer Blume blühen wir selbst auf.
Dann schlägt unser Puls im Takt des Glücks
und unser Herz macht Freudensprünge.

Gott, Schöpfer allen Lebens.
Blumen sagen oft mehr als Worte.
Sie schenken uns einen Augenblick des Staunens und des Lächelns.
Sie weisen uns hin auf dich, Gott.
Amen.

Lied: Nun saget Dank und lobt den Herren (GL 269, 1+4)

1. Nun saget Dank und lobt den Herren, denn groß ist seine Freundlichkeit,
und seine Gnad und Güte währen von Ewigkeit zu Ewigkeit.
Du, Gottes Volk, sollst es verkünden: Groß ist des Herrn Barmherzigkeit;
er will sich selbst mit uns verbünden und wird uns tragen durch die Zeit.

4. Er, der da kommt in Gottes Namen, sei hochgelobt zu jeder Zeit.
Gesegnet seid ihr allzusammen, die ihr von Gottes Hause seid.
Nun saget Dank und lobt den Herren, denn groß ist seine Freundlichkeit,
und seine Gnad und Güte währen von Ewigkeit zu Ewigkeit.

(Text: nach Ambrosius Lobwasser 1573, Strophe 1 und 4)

Alternative: Ich singe dir mit Herz und Mund (EG 324, 1-2+4-7)

Ansprache

Ein italienischer Dichter hat einmal gesagt: »Drei Dinge sind uns aus dem Paradies geblieben: Sterne, Blumen und Kinder« (Dante Alighieri 1265–1321). Ich finde, schöner kann man das kaum sagen: Blumen – ein kleines Stückchen Paradies. Ein Stück vom Himmel. Ein Stück von Gott. – Ich glaube, das empfinden wir alle, wenn wir auf unsern wunderbaren Strauß im Altarraum schauen.

Liebe Gemeinde, so wie Sie zu Beginn, so habe auch ich für diesen Gottesdienst eine Blume mitgebracht. Eine Blume für alle. Für dich und für mich. Sie kommt in dem Lied vor, das unser Organist jetzt spielt. Viele von ihnen werden auch den Text noch kennen. Sie können also gerne mitsingen. *[Organist spielt die Melodie des Goethegedichts: Sah ein Knab' ein Röslein steh'n. Der Pfarrer stimmt mit der Gemeinde ein. Während des Liedes erhält jeder Gottesdienstbesucher eine von Dornen befreite Rose.]*

1.
Sah ein Knab ein Röslein stehn,
Röslein auf der Heiden,
war so jung und morgenschön,
lief er schnell, es nah zu sehn,
sah's mit vielen Freuden.
Röslein, Röslein, Röslein rot,
Röslein auf der Heiden.

2.
Knabe sprach: »Ich breche dich,
Röslein auf der Heiden.«
Röslein sprach: »Ich steche dich,
dass du ewig denkst an mich,
und ich will's nicht leiden.«
Röslein, Röslein, Röslein rot,
Röslein auf der Heiden.

3.
Und der wilde Knabe brach
's Röslein auf der Heiden;
Röslein wehrte sich und stach,
half ihm doch kein Weh und Ach,
musst es eben leiden.
Röslein, Röslein, Röslein rot,
Röslein auf der Heiden.

Liebe Gemeinde!
Jeder hat in der Hand eine Rose. Die vollendete Hübsche. Betörend schön und prachtvoll anzusehen: die dunkelroten, samtigen Blüten. Der schlanke, elegante Stil. Die gefiederten, grünen Blätter. Der betörende Duft. Goethe hatte wohl recht, wenn er von der Rose sagt: »*Als Allerschönste bist du anerkannt, bist Königin des Blumenreichs genannt.*«

Ich bitte Sie: Schauen Sie sich ihre Rose einmal an. –
Ganz in Ruhe. – Wir haben Zeit. –
Welche Farbe hat meine Rose? –

Wie viele Knospen? –
Wie viele Blüten hat sie? –
Blütenblätter – großartige Kompositionen der Natur.

Die Rose. Meine Rose. Sie ist seit alters her ein Zeichen der Liebe. Wir verschenken sie an Menschen, die wir gern haben. Zu vielen Gelegenheiten. Oft an besonderen Tagen: am Valentinstag oder zum Muttertag oder zum Hochzeitstag. Denn – eine Rose sagt oft mehr als 1000 Worte. Sie spricht für sich. Sie sagt dem, der sie geschenkt bekommt: Du bist ein ganz lieber, ein ganz wertvoller, eben ein liebenswerter Mensch.

Das kann man nicht nur fühlen. – Das kann man auch riechen. –
Ich bitte Sie: Schließen Sie einmal ihre Augen. –
Atmen Sie den Duft ihrer Rose ein. –
Ein und aus. –
Lassen Sie sich Zeit dafür. –
Die Rose duftet zart, verhalten, nicht aufdringlich. –
Ein Glückwunschtelegramm des Himmels.
Die Rose. Meine Rose. Es ist schön, sie zu riechen. Ihr sanftes Bukett. Ihren Wohlgeruch. Ihr Duft verzaubert. Er bringt mich zum Lächeln. Ein Moment des Glücks. Mein Herz jubiliert.

Tasten Sie jetzt einmal mit ihren Fingern den Stiel der Rose entlang. –
Langsam, behutsam. –
Wir sehen und fühlen die Stellen, wo die Rose ihre Dornen hatte. –
Sie können sehr spitz sein – scharfkantig. –
Sie können verletzen. –
Sie können mich zum Bluten bringen. –
Es gibt keine Rose ohne Dornen. –

Die Rose. Meine Rose. Sie ist auch ein Symbol für Jesus Christus. Die herrlichen Blüten stehen für sein Leben. Für die Spur der Liebe, die Jesus auf Erden hinterlassen hat. Die Dornen der Rose weisen darauf hin, dass Jesu Lebensweg auch dornig war. Dass er den Kreuzweg gehen musste. Dass Jesus leiden und sterben musste. Dass er am Kreuz eine Dornenkrone tragen musste.

Die Rose. Meine Rose. Ein Zeichen der Liebe Gottes. Ein Zeichen für die Liebe unter uns Menschen. Ein Zeichen der Zuwendung – für dich und für mich. Und Gott sagt einem jeden von uns im Zeichen der Rose: »Wunderbar, dass es dich gibt. Du bist ein ganz doll von mir geliebter Mensch. Du bist mir heilig. Du bist schön. Du bist einzigartig. Du bist außergewöhnlich. Niemand hat die gleichen Blütenmomente voller Glück erlebt und erliebt wie du. Niemand ist an den gleichen Lebensdornen gereift wie du. Niemand denkt so wie du. Niemand liebt so wie du. Niemand sieht mich und die Welt so wie du. Du bist wie eine Rose – liebend und verletzend. Dornig und zärtlich. Einzigartig und kostbar. Du blühst und du wirst verblühen. Aber du bist und bleibst für alle Zeit mein Kind, mein geliebtes Menschenkind – in meinem Herzen für immer und ewig auf Rosen gebettet. Amen.

Lied: Geh aus, mein Herz, und suche Freud (EG 503, 13+14)

13. Hilf mir und segne meinen Geist
mit Segen, der vom Himmel fleußt,
dass ich dir stetig blühe;
gib, dass der Sommer deiner Gnad
in meiner Seele früh und spat
viel Glaubensfrüchte ziehe,
viel Glaubensfrüchte ziehe.

14. Mach in mir deinem Geiste Raum,
dass ich dir werd ein guter Baum,
und lass mich Wurzel treiben.
Verleihe, dass zu deinem Ruhm
ich deines Gartens schöne Blum
und Pflanze möge bleiben,
und Pflanze möge bleiben.

(Text: Paul Gerhardt, 1653)

Alternative: Singet, danket unserm Herrn (GL 277, 1-4)

Fürbittengebet

Gott, die Rose erinnert uns daran, dass du uns liebst.
Sie erinnert uns daran, dass wir deine Liebe jeden Tag erfahren und weiterschenken können an andere Menschen.
Viele erwarten und brauchen Liebe. Auch jeder von uns.

Darum danken wir dir für alle Menschen, die uns lieben, die uns nahe stehen und uns begleiten auf unserem Lebensweg.
Sie ermutigen uns und helfen uns, dass wir uns öffnen, dass wir wachsen und blühen, wie die Blüten der Rose.
Aber, Gott, du weißt auch, wie schnell Blütenblätter vom Winde verweht, vom Sturm zerrissen werden.
Doch du hast uns – Gott sei Dank – in Jesus Christus einen Halt, eine Mitte geschenkt, die hält und trägt.
Lass uns mit ihm verbunden sein wie die Blütenblätter mit dem Kelch.
So werden aus Blüten Früchte und aus Menschen Mitmenschen.
Amen.

Vaterunser

Segen

Gott, dein Herr, schenke dir
Wachsen und Reifen,
Blühen und Vergehen,
irdisches und ewiges Leben.

Gott, dein Herr, sei mit dir
auf allen Wegen und Umwegen,
an allen Tagen und in jeder Nacht,
in deinem Lachen und in allen Tränen.

Gott, dein Herr, möge dich
behüten und bewahren,
begleiten und leiten,
stärken und ermutigen.

Es segne dich Gott, der Vater,
und der Sohn und der Heilige Geist.
Amen.

Gott sitzt mit uns im Boot

Vorbemerkung
Im Mittelpunkt dieses Gottesdienstes steht die (Mit-)Gestaltung der biblischen Geschichte von der Stillung des Sturms (Matthäus 8, 23-27) durch die Gottesdienstbesucher. Da demenziell erkrankte Menschen gut über Musik ansprechbar sind, greife ich in der Ansprache auf diese Ausdrucks- bzw. Beteiligungsform zurück.
Benötigt werden dafür Instrumente aus dem Orff'schen Instrumentarium und Regenhölzer, die zu Beginn des Gottesdienstes an die demenzkranken Besucher und ihre Begleiter/Betreuer verteilt werden. Die Benutzung und der Einsatz der Instrumente wird vor dem Gottesdienst kurz geübt. Die demenziell erkrankten Menschen orientieren sich bei ihrem Instrumenteneinsatz an der bzw. den neben ihnen sitzenden Begleitpersonen, die die gleichen Instrumente haben. Der Teil der Ansprache, der die Sturmstillung nacherzählt, wird sehr langsam gesprochen. Nachbemerkung: Es war schön zu erleben, wie engagiert, wie fröhlich die dementen Menschen die Ansprache mit den Instrumenten mitgestaltet haben.

Begrüßung

Liebe Gemeinde!
Das Wetter zurzeit ist wunderbar: Sonnenschein. Kaum eine Wolke am Himmel. Das Farbenmeer prächtiger Blumen. Einfach herrlich so ein Tag. Ein Tag wie aus dem Bilderbuch. Ein Tag, um es sich gut gehen zu lassen. Um etwas Schönes zu unternehmen: ein Himbeereis beim Italiener essen. Ein bisschen spazieren gehen. Unter dem Sonnenschirm sitzen und das tolle Wetter genießen. Oder wie wäre es mit einer Bootsfahrt? – Apropos Seefahrt. Sie kennen sicher das Lied *Eine Seefahrt, die ist lustig.* Lassen Sie uns zwei Strophen gemeinsam singen:

Eine Seefahrt, die ist lustig,
eine Seefahrt, die ist schön;
denn da kann man fremde Länder
und noch manches andre sehn.
Hol-la-hi hol-la-ho
Hol-la-hi-a hi-a hi-a hol-la-ho

Eine Seefahrt, die ist lustig,
eine Seefahrt, die ist schön;
denn da kann man unsre Leute
an der Reling jammern sehn.
Hol-la-hi hol-la-ho
Hol-la-hi-a hi-a hi-a hol-la-ho

Liebe Gemeinde! Ich lade Sie in diesem Gottesdienst auch zu einer Seefahrt ein. Zu einer Seefahrt, von der die Bibel erzählt. Zu einer Seefahrt auf dem See Gennesaret. An Bord: Jesus und seine Jünger. Wir wollen sie begleiten. Gott segne uns.

Lied: Befiehl du deine Wege (EG 361, 1-4)

2.
Dem Herren musst du trauen,
wenn dir's soll wohlergehn;
auf sein Werk musst du schauen,
wenn dein Werk soll bestehn.
Mit Sorgen und mit Grämen
und mit selbsteigner Pein
lässt Gott sich gar nichts nehmen,
es muss erbeten sein.

3.
Dein ewge Treu und Gnade,
o Vater, weiß und sieht,
was gut sei oder schade
dem sterblichen Geblüt;
und was du dann erlesen,
das treibst du, starker Held,
und bringst zum Stand und Wesen,
was deinem Rat gefällt.

4.
Weg hast du allerwegen,
an Mitteln fehlt dir's nicht;
dein Tun ist lauter Segen,
dein Gang ist lauter Licht;
dein Werk kann niemand hindern,
dein Arbeit darf nicht ruhn,
wenn du, was deinen Kindern
ersprießlich ist, willst tun.

(Text: Paul Gerhardt 1653)

Alternative: Herr, deine Güt ist unbegrenzt (GL 289, 1-2)

Psalm 23

Der Herr ist mein Hirte, mir wird nichts mangeln.
Er weidet mich auf einer grünen Aue
und führet mich zum frischen Wasser.
Er erquicket meine Seele.
Er führet mich auf rechter Straße um seines Namens willen.
Und ob ich schon wanderte im finstern Tal, fürchte ich kein Unglück.
Denn du bist bei mir, dein Stecken und Stab trösten mich.
Du bereitest vor mir einen Tisch im Angesicht meiner Feinde.
Du salbest mein Haupt mit Öl und schenkest mir voll ein.
Gutes und Barmherzigkeit werden mir folgen mein Leben lang,
und ich werde bleiben im Hause des Herrn immerdar.

Ehr sei dem Vater und dem Sohn und dem Heiligen Geist, wie es war im Anfang, jetzt und immerdar und von Ewigkeit zu Ewigkeit. Amen.

Gebet

Mein Gott.
Es ist schön, hier in der Kirche zu sein.
Deine Nähe zu spüren:
im Klang der Orgel,
im Schein der Kerzen auf dem Altar,
im Blick auf die schönen Glasfenster,
im Hören auf dein Wort,
im Singen vertrauter Lieder.

Mein Gott.
Ich bin jetzt da.
Komm du mir nah.
Lass mich dein Wort hören.
Lass mich deine Liebe spüren.
Lass mich deinen Segen empfangen.
Amen.

Lied: Was Gott tut, das ist wohlgetan (EG 372, 1-2+4+6; GL 294, 1-4)

1.
Was Gott tut, das ist wohlgetan,
es bleibt gerecht sein Wille;
wie er fängt seine Sachen an,
will ich ihm halten stille.
Er ist mein Gott,
der in der Not
mich wohl weiß zu erhalten;
drum lass ich ihn nur walten.

2.
Was Gott tut, das ist wohlgetan,
er wird mich nicht betrügen;
er führet mich auf rechter Bahn;
so lass ich mir genügen
an seiner Huld
und hab Geduld,
er wird mein Unglück wenden,
es steht in seinen Händen.

4.
Was Gott tut, das ist wohlgetan,
er ist mein Licht und Leben,
der mir nichts Böses gönnen kann;
ich will mich ihm ergeben
in Freud und Leid,
es kommt die Zeit,
da öffentlich erscheinet,
wie treulich er es meinet.

6.
Was Gott tut, das ist wohlgetan,
dabei will ich verbleiben.
Es mag mich auf die raue Bahn
Not, Tod und Elend treiben,
so wird Gott mich
ganz väterlich
in seinen Armen halten;
drum lass ich ihn nur walten.

(Text: Samuel Rodigast 1675)

Ansprache

Liebe Gemeinde!
Wir haben eingangs gesungen *Eine Seefahrt, die ist lustig, eine Seefahrt, die ist schön.* Auch in der Bibel wird uns von einer Seefahrt erzählt. Von einer Seefahrt, die Jesus mit seinen Jüngern unternommen hat. Wir wollen sie begleiten. Wir wollen erleben, wie das war, damals im Boot. Auf dem See Gennesaret.

Für Jesus und seine Jünger ist es ein langer Tag gewesen. Jesus hat mit vielen Menschen geredet. Kinder gesegnet. Kranke geheilt. Nun ist es Abend geworden am See Gennesaret. Die letzten Sonnenstrahlen tänzeln auf dem Wasser. Die Vögel singen ihr Lied zur Nacht. Der Mond geht langsam auf. Abendliche Stille breitet sich aus: Ruhe. Frieden. *[Fingerzimbeln]*
»Kommt«, sagt Jesus zu seinen Jüngern, »wir wollen auf die andere Seite des Sees fahren, ans andere Ufer.« Sie steigen in ein Boot. Es ist eine weite Fahrt, die sie vor sich haben. Der See ist groß. Die Jünger rudern los. Schlag um Schlag. Gleichmäßig tauchen sie die Ruderblätter ins Wasser ein. *[Gleichmäßige Schläge auf der Handtrommel]* Das Boot gleitet ruhig über den stillen See. *[Triangeln]*
Jesus legt sich hinten ins Boot. Sein Tag war anstrengend. Jesus ist erschöpft. Er schläft. *[Glockenspiel]* Doch auf einmal wird der See unruhig. *[Rasseln]* Die Wellen werden größer. Wind kommt auf. Er wird immer

heftiger, stärker, stürmischer. *[Klangstäbe, Schellenrasseln]* Auch der Himmel verfinstert sich. Wolken ziehen auf. Es beginnt zu regnen. *[Regenhölzer]* Der See ist aufgewühlt. Die Wellen schlagen hoch. Das Boot schwankt hin und her. Es droht unterzugehen. *[Regenhölzer, Rasseln]*
Die Jünger rudern heftiger. Sie bekommen es mit der Angst zu tun. *[Klangstäbe]* In ihrer Not wecken sie Jesus auf. Sie schreien gegen den Sturm: »Jesus, hilf uns. Wir gehen unter. Das Wasser steht uns bis zum Hals!« *[Klangstäbe, Schellentrommeln]*
Und Jesus? *[Fingerzimbeln]* Jesus erhebt sich langsam. Dann sagt er zu seinen Jüngern: »Warum habt ihr solche Angst? Habt doch Vertrauen zu mir. Ich bin doch bei euch!« *[Fingerzimbeln]* Und dann scheint es, als ob Jesus mit dem Wind und den Wellen redet. Denn auf einmal legt sich der Sturm und der See liegt wieder ganz ruhig im Abendhimmel. Stille breitet sich aus. *[Triangel]* Und die Jünger sagen zueinander: »Jesus ist uns immer nah. Gerade auch dann, wenn wir Angst haben.« Welch gute Nachricht – auch für uns.

Liebe Gemeinde! Sie kennen das Gefühl sicher auch: das einem das Wasser bis zum Halse steht. Situationen von Mutlosigkeit, von Not, von Angst. – Damals in den 20er-Jahren, als das Geld kaum noch etwas wert war. Als viele Menschen keine Arbeit hatten, hungern mussten. Dann die Zeit des 2. Weltkrieges. So viel Not. So viel Tod. Oder der Verlust der Heimat: als Sie Schlesien oder Ostpreußen verlassen mussten. Mit ein paar Habseligkeiten. Ohne zu wissen wohin! – Stürme, Lebensstürme, wo manch einer dachte: Jesus, ich gehe unter. Merkst du das denn nicht?
Doch im Rückblick ahnen wir, wie damals die Jünger: Jesus war mit im Boot. Jesus war mitten in den Stürmen unseres Lebens. Und wir können vielleicht sagen: Danke, Gott. Danke Gott für dein Begleiten in leidvollen Zeiten. Danke Gott für dein Mittragen an schweren Tagen. Amen.

Lied: Weiß ich den Weg auch nicht (EG 650, 1-3; Ausgabe für die Evangelische Landeskirche im Rheinland, von Westfalen und die Lippische Landeskirche)

2. Du weißt den Weg ja doch, du weißt die Zeit,
dein Plan ist fertig schon und liegt bereit.
Ich preise dich für deiner Liebe Macht,
ich rühm die Gnade, die mir Heil gebracht.

3. Du weißt, woher der Wind so stürmisch weht,
und du gebietest ihm, kommst nie zu spät.
Drum wart ich still, dein Wort ist ohne Trug,
du weißt den Weg für mich, das ist genug.

(Text: Hedwig von Redern 1901)

Alternative: Auf dich allein ich baue (GL 293, 1-3)

Fürbittengebet

Herr, mein Gott.
Mein Leben liegt in deiner Hand.
Du kennst mich.
Du weißt, was mich drückt, was mich bedrückt.
Du kennst die Ängste, die mich verfolgen.
Meine Sorgen sind dir nicht unbekannt.
Meine Gedanken siehst du von ferne.

Herr, mein Gott, ich bitte dich:
Hilf mir tragen, was mir manchmal unerträglich scheint.
Schenk mir Hoffnung, wo ich manchmal hoffnungslos bin.
Sag mir dein Wort zu, wo ich meine zu versagen.
Beschütze mich, wo ich mich schutzlos fühle.
Sei du mit mir im Boot meines Lebens.
Amen.

Vaterunser

Segen

Gott tröste dich, wenn du traurig bist.
Gott segne dich, wenn du mutlos bist.
Gott stärke dich, wenn du ängstlich bist.
Gott sei mit dir und in dir –
heute und an allen Tagen deines Lebens.
Amen.

Gottes Bund ist bunt

Vorbemerkung
Im Altarraum hängt gut sichtbar ein großer bunter Regenbogen. Im Mittelpunkt der Ansprache steht die (Mit-)Gestaltung der biblischen Regenbogengeschichte (1. Mose 9) durch die Gottesdienstbesucher. Da demenziell erkrankte Menschen in der Regel (noch) motorisch ansprechbar sind, greife ich in der Ansprache auf diese Form der Beteiligung zurück. Benötigt werden dafür bunte Tücher in den Regenbogenfarben. Die Tücher werden zu Beginn des Gottesdienstes an die Besucher verteilt. Dabei ist darauf zu achten, dass die Farbe der Tücher des jeweiligen demenzkranken Besuchers mit der Farbe des Tuches seines Begleiters/Nachbarn identisch ist. Die farbigen Tücher werden unregelmäßig verteilt, damit ein schönes buntes Gesamtbild im Kirchraum entsteht. Das Winken mit den Tüchern wird vor dem Gottesdienst kurz eingeübt. Am Ende des Gottesdienstes erhält jeder Besucher einen Regenbogenbutton.

Begrüßung

Liebe Gemeinde!
Ich begrüße Sie zu unserem Gottesdienst. Schön, dass Sie gekommen sind. Ich freue mich sehr über jeden, der da ist. Und ich freue mich darüber, dass Gott uns nah ist. In seinem Namen feiern wir diesen Gottesdienst. Darum sagen wir: Im Namen des Vaters und des Sohnes und des Heiligen Geistes. Amen.

Liebe Gemeinde! Eine der schönsten biblischen Geschichten für mich ist die Noahgeschichte. Noah hatte einen Auftrag von Gott. Er sollte die Arche bauen. In der Arche waren er und seine Familie und die Tiere sicher während der großen Sintflut. Nach Monaten – endlich – wurde das Wasser weniger. Eine Taube, mit einem Ölzweig im Schnabel, kam zur Arche zurück und zeigte Noah: Die Erde ist wieder frei von Wasser. Die Erde ist wieder begehbar, bewohnbar, bebaubar.

Noah verlässt die Arche. Er baut einen Altar. Er dankt Gott für die Rettung. Da erscheint ein wunderbarer Regenbogen am Himmel *[Pfarrer zeigt auf den Regenbogen im Altarraum.]* und Gott spricht: Dieser Bogen soll das Zeichen eines neuen Bundes zwischen den Menschen und mir sein. Und wann immer ihr diesen bunten Regenbogen am Himmel seht, dann sollt ihr daran denken: Ich, Gott, bin bei euch. Ich schütze euch. Ich segne euch. Und ihr sollt wissen: Solange die Erde steht, soll nicht aufhören Saat und Ernte, Frost und Hitze, Sommer und Winter, Tag und Nacht.

Lied: Herr, die Erde ist gesegnet (EG 512, 1-4)

2.
Aller Augen sind erhoben,
Herr, auf dich zu jeder Stund,
dass du Speise gibst von oben
und versorgest jeden Mund.
Und du öffnest deine Hände,
dein Vermögen wird nicht matt,
deine Hilfe, Gab und Spende
machet alle froh und satt.

3.
Du gedenkst in deiner Treue
an dein Wort zu Noahs Zeit,
dass dich nimmermehr gereue
deine Huld und Freundlichkeit;
und solang die Erde stehet,
über der dein Auge wacht,
soll nicht enden Saat und Ernte,
Frost und Hitze, Tag und Nacht.

4.
Gnädig hast du ausgegossen
deines Überflusses Horn,
ließest Gras und Kräuter sprossen,
ließest wachsen Frucht und Korn.
Mächtig hast du abgewehret
Schaden, Unfall und Gefahr;
und das Gut steht unversehret,
und gesegnet ist das Jahr.

(Text: Heinrich Puchta 1843.
Melodie: O Durchbrecher aller Bande Nr. 388.
Andere Melodie: Herz und Herz vereint zusammen Nr. 251)

Alternative: Nun lobet Gott im höchsten Thron (GL 265, 1-3)

Psalm 104, 24.27-31.35 c

Herr, wie sind deine Werke so groß und viel!
Du hast sie alle weise geordnet,
und die Erde ist voll deiner Güter.
Es warten alle auf dich,
dass du ihnen Speise gebest zur rechten Zeit.
Wenn du ihnen gibst, so sammeln sie;
wenn du deine Hand auftust, so werden sie mit Gutem gesättigt.
Verbirgst du dein Angesicht, so erschrecken sie;
nimmst du weg ihren Odem, so vergehen sie
und werden wieder Staub.
Du sendest aus deinen Odem, so werden sie geschaffen,
und du machst neu die Gestalt der Erde.
Die Herrlichkeit des Herrn bleibe ewiglich,
der Herr freue sich seiner Werke!
Lobe den Herrn, meine Seele! Halleluja!

Ehr sei dem Vater und dem Sohn und dem Heiligen Geist, wie es war im Anfang, jetzt und immerdar und von Ewigkeit zu Ewigkeit. Amen.

Gebet

Herr, mein Gott.
Es ist schön, in der Kirche zu sein.
Dein Wort zu hören.
Zu singen.
Zu beten.
Zur Ruhe zu kommen.

Ich danke dir, mein Gott, dass du deine Hand über mein Leben hältst.
Dass deine Liebe auch mir gilt.
Dass dein Segen mich trägt und leitet. Amen.

Lied: Meinem Gott gehört die Welt (EG 408, 1-6)

1.
Meinem Gott gehört die Welt,
meinem Gott das Himmelszelt,
ihm gehört der Raum, die Zeit,
sein ist auch die Ewigkeit.

2.
Und sein eigen bin auch ich.
Gottes Hände halten mich
gleich dem Sternlein in der Bahn;
keins fällt je aus Gottes Plan.

3.
Wo ich bin, hält Gott die Wacht,
führt und schirmt mich Tag und Nacht;
über Bitten und Verstehn
muss sein Wille mir geschehn.

4.
Täglich gibt er mir das Brot,
täglich hilft er in der Not,
täglich schenkt er seine Huld
und vergibt mir meine Schuld.

5.
Lieber Gott, du bist so groß,
und ich lieg in deinem Schoß
wie im Mutterschoß ein Kind;
Liebe deckt und birgt mich lind.

6.
Leb ich, Gott, bist du bei mir,
sterb ich, bleib ich auch bei dir,
und im Leben und im Tod
bin ich dein, du lieber Gott!

(Text: Arno Pötzsch 1934/1949. Melodie: Christian Lahusen 1948.

Alternative: Wer nur den lieben Gott lässt walten (GL 295, 1-3)

Ansprache

[Während der Ansprache wird an den entsprechenden Stellen mit den jeweiligen farbigen Tüchern gewunken. Die demenziell erkrankten Menschen orientieren sich dabei an der neben ihnen sitzenden Begleitperson, die ein farbiges Tuch hat und gegebenenfalls zum Mitmachen ermuntert.]

Liebe Gemeinde!
Für Noah muss es ein unbeschreiblich schöner Anblick gewesen sein. Damals. Als er den Regenbogen am Himmel sah. Diesen herrlich bunten Bogen. Voller Strahlkraft. Voller Leuchtkraft. Voller Farben. Als ob Gott, der Meistermaler, den Himmel bunt geschminkt hätte. Der Regenbogen – einfach himmlisch. Faszinierend. Prächtig. Ein Zusammenspiel der schönsten Farben.

Da ist zunächst das Rot. *[Pfarrer bittet alle, die rote Tücher haben, mit diesen zu winken.]* Schauen Sie mal auf die vielen roten Tücher. Rot – das ist die Farbe der Liebe. Die Farbe des Feuers. Das Rot sagt uns: Die Liebe Gottes will in uns Funken schlagen, uns entzünden. Warum? Damit auch wir anderen Menschen in Liebe begegnen. – Rot, was für eine schöne Farbe.

Die nächste Farbe ist das Gelb. *[Pfarrer bittet alle, die gelbe Tücher haben, mit diesen zu winken.]* Schauen Sie mal auf die vielen gelben Tücher. Gelb – das ist die Farbe des Lichts, das unser Leben hell macht. Die Farbe der Sonne, die unser Leben wärmt. Das Gelb sagt uns: Gott will mit seinen Sonnenstrahlen unser Leben hell und warm machen. – Gelb, was für eine schöne Farbe.

Die nächste Farbe ist das Grün. *[Pfarrer bittet alle, die grüne Tücher haben, mit diesen zu winken.]* Schauen Sie mal auf die vielen grünen Tücher. Grün – das ist die Farbe der Hoffnung. Wo es grün ist, da keimt etwas auf, da wächst etwas, da ist Leben lebendig. Das Grün sagt uns: Bei jedem Schritt, auch beim nächsten Schritt, auch nach dem letzten Schritt ist es Gott, der mit uns geht, der uns vorangeht und der auf uns wartet. – Grün, eine hoffnungsfrohe Farbe.

Die nächste Farbe ist das Blau. *[Pfarrer bittet alle, die blaue Tücher haben, mit diesen zu winken.]* Schauen Sie mal auf die vielen blauen Tücher. Blau – das ist die Farbe des Wassers, das wir alle zum Leben brauchen. Blau – das ist die Farbe des Himmels, der sich über jeden von uns wölbt wie ein Zelt, ein Himmelszelt. Das Blau sagt uns: Gott ist über uns wie der Himmel und Gott ist in uns wie das Wasser, das wir trinken. – Blau, was für eine schöne Farbe.

Die letzte Farbe: Violett. *[Pfarrer bittet alle, die violette Tücher haben, mit diesen zu winken.]* Schauen Sie mal auf die vielen violetten Tücher. Das Violett steht für Nachdenklichkeit, für Besinnung, für Buße. Das Violett sagt uns: Auch schwere Zeiten, auch Zeiten der Trauer und der Umkehr gehören zum Leben dazu. Aber selbst dann ist Gott da, ist Gott uns nah. – Violett, eine wichtige Farbe.

Liebe Gemeinde! Ich bitte Sie: lassen Sie alle noch einmal ihre bunten Tücher, ihre Regenbogentücher, wehen. *[Alle winken mit ihren Tüchern.]* Welch ein schönes, buntes Bild das ist. Bunt wie das Leben. Bunt wie unser Leben. Auch da gibt es ja viele Farben und Töne. Dur und Moll. Blau und grau. Freud und Leid. Weiß und Schwarz. Hoffnungen und Enttäuschungen. Wie bei einem bunten Regenbogen *[Pfarrer zeigt auf den Regenbogen im Altarraum.]*, der all das umspannt. Der Regenbogen – ein Zeichen des Himmels. Ein Zeichen des Bundes zwischen Gott und Mensch, zwischen Himmel und Erde. Ein Zeichen von Gott, der uns verheißen hat: *Ja, ich will euch tragen bis zum Alter hin. Und ihr sollt einst sagen, dass ich gnädig bin.*

Lied: Ja, ich will euch tragen bis zum Alter hin (EG 380, 1-7)

2.
Ihr sollt nicht ergrauen,
ohne dass ich's weiß,
müsst dem Vater trauen,
Kinder sein als Greis.

3.
Ist mein Wort gegeben,
will ich es auch tun,
will euch milde heben:
Ihr dürft stille ruhn.

4.
Stets will ich euch tragen
recht nach Retterart.
Wer sah mich versagen,
wo gebetet ward?

5.
Denkt der vor'gen Zeiten,
wie, der Väter Schar
voller Huld zu leiten,
ich am Werke war.

6.
Denkt der frühern Jahre,
wie auf eurem Pfad
euch das Wunderbare
immer noch genaht.

7.
Lasst nun euer Fragen,
Hilfe ist genug.
Ja, ich will euch tragen,
wie ich immer trug.

(Text: Jochen Klepper 1938.
Melodie: Samuel Rothenberg 1939.
© by Bärenreiter-Verlag, Kassel)

Alternative: Erfreue dich, Himmel, erfreue dich, Erde (GL 259, 1-5)

Fürbittengebet

Herr, unser Gott.
Hab Dank für den Regenbogen am Himmel.
Zeichen deiner Liebe.
Zeichen deiner Nähe.
Zeichen deiner Treue.

Unter deinem Himmelsbogen leben wir
mit allem, was uns freut und was uns belastet,
mit allem, was uns erfüllt und was uns enttäuscht,
mit allem, was uns aufatmen und was uns stöhnen lässt.

Herr, unser Gott.
Wir bitten dich im Zeichen des Regenbogens:
Verlass uns nicht, wenn unser Lebensbogen sich rundet,
wenn unsere Augen schwächer und unsere Füße langsamer werden.
Sei und bleibe bei uns und allen Menschen nah und fern –
heute und an allen Tagen unseres Lebens und darüber hinaus.
Amen.

Vaterunser

Segen

Es segne euch unser Gott und Vater,
der uns versprochen hat:
Ich bin bei euch.
Ich schütze euch.
Und ihr sollt wissen:
Solange die Erde steht,
soll nicht aufhören Saat und Ernte, Frost und Hitze,
Sommer und Winter, Tag und Nacht.
Amen.

Im Zeichen der Muschel

Vorbemerkung
Benötigt wird eine große Muschel, z. B. eine Jakobsmuschel als Demonstrationsobjekt. Des Weiteren kleine Muscheln zum Verteilen an die Gottesdienstbesucher.

Begrüßung

Herzlich willkommen zu unserem heutigen Gottesdienst. Im Namen Gottes. Und im Zeichen der Muschel. *[Große Muschel, z. B. eine Jakobsmuschel, zeigen.]* Muscheln sind ja wunderbare Geschöpfe Gottes. Kleinode des Meeres. Von Wind und Wellen bewegt. Von Strömungen getrieben. Über den Meeresgrund gestreift. Vom Wasser mal hierhin, mal dorthin gewirbelt. Und dann, irgendwann, von der Brandung an Land gespült. Im Ufersand gestrandet, an Land gelandet. Muscheln – kleine Kunstwerke, Schmuckstücke aus Gottes Schatztruhe. Jede für sich ein einmaliges, einzigartiges Schöpfungsgeschenk.

Liebe Gemeinde! Muscheln erinnern mich an Urlaub, an Sand, an Strand, an blauen Himmel und weites Meer. Und sicher ging es ihnen früher auch so: Wenn man irgendwo am Meer war und am Strand entlang wanderte, dann hielt man Ausschau nach schön geformten Muscheln. Sie waren ein begehrtes Sammelobjekt, ein kleiner Schmuck für das Fensterbrett oder die eigene kleine Schatztruhe. Und mit Muscheln ließ sich auch so viel machen: Sandburgen verzieren, Ketten basteln, Bilder legen.
Wenn ich die Muschel in meiner Hand betrachte, dann spüre ich eine Sehnsucht in mir. Eine Sehnsucht nach Ferne. Eine Sehnsucht nach Weite. Eine Sehnsucht nach Freiheit. Eine Sehnsucht nach Gott. ER hat die Muscheln und die ganze Natur so wunderbar gemacht. ER hat in das Innere jeder Muschel etwas Kostbares hineingelegt: die Perle. ER hat

jede Muschel besonders modelliert mit einzigartigen Farbtupfern und markanten Streifen. Was für ein Schöpfer. Was für ein Künstler. Was für ein Gott. Ihn wollen wir loben mit dem Lied: *Lobet den Herren.*

Lied: Lobet den Herren (EG 304, 1-3+5)

1. Lobet den Herren, denn er ist sehr freundlich;
es ist sehr köstlich, unsern Gott zu loben,
sein Lob ist schön und lieblich anzuhören.
Lobet den Herren!

2. Singt umeinander dem Herren mit Danken,
lobt ihn mit Harfen, unsern Gott, mit Psalmen,
denn er ist mächtig und von großen Kräften.
Lobet den Herren!

3. Er kann den Himmel mit Wolken bedecken
und gibet Regen, wann er will, auf Erden;
er lässt Gras wachsen hoch auf dürren Bergen.
Lobet den Herren!

5. Danket dem Herren, Schöpfer aller Dinge;
der Brunn des Lebens tut aus ihm entspringen
gar hoch vom Himmel her aus seinem Herzen.
Lobet den Herren!

(Text: Leipzig 1565.
Melodie: Lobet den Herren alle, die ihn ehren, Nr. 447)

Alternative: Lobet den Herren alle, die ihn ehren (GL 671, 1-4)

Psalm 95, 1-7 a

Kommt herzu, lasst uns dem Herrn frohlocken
und jauchzen dem Hort unsres Heils!
Lasst uns mit Danken vor sein Angesicht kommen
und mit Psalmen ihm jauchzen!
Denn der Herr ist ein großer Gott
und ein großer König über alle Götter.
Denn in seiner Hand sind die Tiefen der Erde,
und die Höhen der Berge sind auch sein.
Denn sein ist das Meer, und er hat's gemacht,
und seine Hände haben das Trockene bereitet.
Kommt, lasst uns anbeten und knien
und niederfallen vor dem Herrn, der uns gemacht hat.
Denn er ist unser Gott
und wir das Volk seiner Weide und Schafe seiner Hand.

Ehr sei dem Vater und dem Sohn und dem Heiligen Geist, wie es war im Anfang, jetzt und immerdar und von Ewigkeit zu Ewigkeit. Amen.

Gebet

Herr, mein Gott.
Wenn ich deine Wunder sehe, lerne ich wieder neu das Staunen.
Das Staunen über deine Werke.

Ich freue mich über jeden Sonnenstrahl, der meine Haut berührt.
Ich danke für den Gesang der Vögel, der mich glücklich stimmt.
Ich lobe dich für die Farbenpracht der Blumen, die mein Herz erfreuen.
Ich bewundere eine schön geformte Muschel in meiner Hand.
Alles kommt von dir und gilt mir.

Herr, mein Gott.
Bewahre mir die Dankbarkeit für deine Wunder.
Lass mich achtsam bleiben für deine Schöpfung.

Gott, ich danke dir, dass es mich gibt.
Ich danke dir für die Menschen, die mich umgeben.
Ich danke dir, dass du bei mir bist –
in Freud und Leid,
in Zweifel und Krankheit,
heute und allezeit.
Amen.

Lied: Wenn ich, o Schöpfer, deine Macht (EG 506, 1-2+4)

2.
Mein Auge sieht, wohin es blickt,
die Wunder deiner Werke;
der Himmel, prächtig ausgeschmückt,
preist dich, du Gott der Stärke.
Wer hat die Sonn an ihm erhöht?
Wer kleidet sie mit Majestät?
Wer ruft dem Heer der Sterne?

4.
Dich predigt Sonnenschein und Sturm,
dich preist der Sand am Meere.
Bringt, ruft auch der geringste Wurm,
bringt meinem Schöpfer Ehre!
Mich, ruft der Baum in seiner Pracht,
mich, ruft die Saat, hat Gott gemacht;
bringt unserm Schöpfer Ehre!

(Text: Christian Fürchtegott Gellert 1757)

Alternative: Allein Gott in der Höh sei Ehr (GL 457, 1-3)

Ansprache

Liebe Gemeinde!
Die Muschel in meiner Hand ist ein besonders schönes, ein besonders großes Exemplar. Es ist eine Jakobsmuschel. *[Jakobsmuschel hochhalten.]* Ich habe sie von einer Pilgerreise auf dem Jakobsweg mitgebracht. Da begegnet einem die Muschel an vielen Stellen. Wanderer tragen sie als Pilgerzeichen, auf allen Wegsteinen und Hinweisschildern sind sie zu sehen, sie zieren viele Kirchentüren und Klostermauern. Und – eine Muschel möchten wir jetzt auch an Sie alle verteilen.
[An jeden Gottesdienstbesucher wird eine Muschel verteilt; währenddessen wird ein meditatives Orgelstück gespielt.]

Liebe Gemeinde! Die Muscheln, die Sie bekommen haben, habe ich im letzten Urlaub an einem Strand in Tunesien gesammelt. Zuhauf lagen die Muscheln dort im Sand am Strand. Kleine Geschenke des Meeres. Meisterstücke der Natur. Geschöpfe des Schöpfers.
Schauen Sie sich ihre Muschel einmal ganz in Ruhe an: ihre Form – ihre Farbe – ihre Linien – und Spuren. Fühlen Sie über die Rillen: Hat meine Muschel Brüche, Risse? – Wie fühlt sich die Innenseite an?
Wenn ich auf meine Muschel blicke, denke ich: Welches Meer, welche Ozeane hat sie durchpflügt? Wie viele Wellen haben sie verwirbelt und bewegt – in alle Himmelsrichtungen, hoch und runter? Die Muschel hat

raue See erlebt und tosende Fluten, Stürme und Orkane. Und daneben sicher auch Zeiten der Ruhe, des ganz friedlichen Gleitens über den Boden des Meeres. Zeiten von Stille, Rastoasen. Ja, beides hat meine Muschel wohl erfahren: Ebbe und Flut. Hoch und Tief. Auf und Ab. Sie zeigt mir, wie bewegt und wie ruhig das Leben sein kann. Bei mir, bei jedem von Ihnen.

Auch Sie haben ja in ihrem bisherigen Leben ruhige und bewegte, gute und schlechte Zeiten erlebt, Festzeiten und Wüstenzeiten. Gerade ihre Generation hat viele Große und Größenwahnsinnige kommen und gehen sehen. Das Leben hat ihnen Krieg aufgepresst und in deren Gefolge viel Not und Tod, Entbehrung und Leid. Viele von Ihnen wurden durch diese Ereignisse bewegt im Meer der Zeit, wurden getrieben, umgetrieben, vertrieben. Mal hierhin, mal dorthin – wie eine Muschel im weiten Meer.

Aber daneben gab es in Ihrem Leben auch das andere. Da gab es diese Sternschnuppenmomente, wo das Glück Sie streifte, Zeiten des Friedens, kostbare Augenblicke, in denen das Leben sich wie eine Muschel öffnete und seine Perle zeigte: Wo der Mann aus der Gefangenschaft heimkehrte, wo man ins erste eigene Haus einzog, wo man sich freute über die Geburt von Kindern und Enkelkindern.

Und dazu im Inneren diese Ahnung, dieses Gespür, dieses Vertrauen: Auf all unseren Lebenswegen, den verschlungenen und den geraden, da war ER, Gott, mit uns unterwegs als Leiter und Begleiter.

Liebe Gemeinde! Wenn ich langsam mit dem Finger über meine Muschel streiche, kann ich ihre einzelnen Rillen fühlen. Das Leben hat Spuren an ihr hinterlassen. Sand und Korallen und Meeresgestein haben sie geschliffen, haben an ihr gearbeitet. Haben der Muschel kleine Wunden, Risse, Bruchstellen zugefügt.

»Wie bei mir« wird jetzt vielleicht manch einer von Ihnen denken. Mein Leben, das fand ja nicht nur auf der Sonnenseite statt. Da gab es auch Zeiten, wo das Leben zur Last wurde, wo es mir Tränen abpresste und Seelenschreie. Wo ich nicht mehr weiter wusste. Wo ich nicht mehr wusste, wie ich die Bruchstücke meines Lebens zusammenfügen oder neu sortieren sollte. Da war zum Beispiel eines Tages die niederschmetternde Diagnose des Arztes. Da war Sorge um die Zukunft der Kinder. Da war der Tod geliebter Menschen. Und so hat das Leben auch in mir Rillen

eingegraben. Spuren hinterlassen. Sichtbare, spürbare Spuren. Sorgenfalten, für die es keinen Radiergummi gibt.
Und doch auch hier im Inneren diese Ahnung, dieses Gespür, dieses Vertrauen, das in der Bibel einmal so ausgedrückt ist: *Alle eure Sorge werft auf ihn; denn er sorgt für euch.* (1. Petrus 5,7)

Liebe Gemeinde! Ich schaue noch ein letztes Mal auf meine Muschel und ich staune darüber, dass sie etwas ganz Besonderes ist. Jede, wirklich jede Muschel ist einzigartig, unverwechselbar. Jede Muschel ist sozusagen eine Sonderanfertigung Gottes, ein Unikat. Genauso wie die wertvolle Perle, die in ihrem Inneren schlummert.
Und das gilt auch von uns. Von Ihnen und von mir. Ja, jeder von uns – Sie und ich – ist ein einmaliger Liebesgedanke im Herzen Gottes. Jeder von uns ist ein ganz besonderer, ein wunderbarer Mensch – von Gott gewollt, von Gott geschaffen, von Gott ins Leben gerufen.
Und Gott sagt zu Ihnen: Du bist nicht irgendwer, du bist mein liebes Kind! Du bist mir heilig! Du bist von mir befähigt, Liebe zu empfangen und Liebe weiterzuschenken. Dir traue ich zu, anderen zu vertrauen. Du kannst ein Segen werden – für die Menschen um dich herum, für viele. Du bist ein unendlich wertvolles Geschenk für diese Erde – unersetzbar, unbezahlbar. Du bist für mich so etwas wie das Wertvollste, was eine Muschel in sich trägt: Du bist eine Perle. Eine Perle von Mensch – von mir brillant gedacht und glänzend gemacht. Und ich bitte dich, mein kostbarer Mensch, denk daran: So wie das Meer Muschel und Perle umgibt, so umarme, so umfasse, so umfange ich dich mit meiner Liebe.
Darauf zu vertrauen, darauf auch in Zukunft Ihr Leben zu bauen, das wünsche ich Ihnen. Amen.

Lied: Wer nur den lieben Gott lässt walten (GL 295, 1-3)

1. Wer nur den lieben Gott lässt walten und hoffet auf ihn allezeit,
den wird er wunderbar erhalten in aller Not und Traurigkeit.
Wer Gott dem Allerhöchsten traut, der hat auf keinen Sand gebaut.

2. Was helfen uns die schweren Sorgen, was hilft uns unser Weh und Ach?
Was hilft es, dass wir alle Morgen beseufzen unser Ungemach?
Wir machen unser Kreuz und Leid nur größer durch die Traurigkeit.

3. Sing, bet und geh auf Gottes Wegen, verricht das Deine nur getreu
und trau des Himmels reichem Segen, so wird er bei dir werden neu.
Denn welcher seine Zuversicht auf Gott setzt, den verlässt er nicht.

(Text und Melodie: Georg Neumark 1657, Fassung J. S. Bach)

Alternative: Befiehl du deine Wege (EG 361, 1-4)

Fürbittengebet

Gott, wir haben gehört:
So wie die Muschel vom Meer, so sind wir von deiner Liebe umgeben.
Sie lasst uns atmen – ein und aus.
Sie lässt uns hoffen – auch über das Ende hinaus.
Sie lässt uns leben – in guten und in schweren Zeiten.
Sie lässt uns danken – auch für Selbstverständlichkeiten.

Gott,
so wie die Muschel von Wind und Wellen bewegt wird,
so willst auch du uns bewegen –
unser Herz, unsere Gedanken, unsere Schritte.

Wir bitten dich:
Durchströme unser Herz mit deiner Liebe,
fülle unsere Gedanken mit deinem Wort,
lenke unsere Schritte auf Wege zum Frieden.

Gott,
durch die Strahlen der Sonne ist in der Muschel eine Perle gewachsen.
Eine Perle, die die Farben des Regenbogens widerspiegelt.
Wir bitten dich:
Lass dein Licht der Liebe auch in unser Leben leuchten,
damit wir trotz allem nicht vergessen zu danken,
damit wir trotz allem nicht müde werden zu vergeben,
damit wir trotz allem nicht aufgeben zu hoffen.
Amen.

Vaterunser

Segen

Gott, der Herr, umhülle euch mit seiner Liebe.
Gott, der Herr, begleite euch mit seiner Treue.
Gott, der Herr, bewege euch durch sein Wort.
Gott segne euer Leben, das er euch gegeben.
Amen.

Seine Hände halten mich

Vorbemerkung
Für die Ansprache wird die Figur ›Zuflucht‹ von Dorothea Steigerwald benötigt. Die 20 cm hohe Skulptur ist in verschiedenen Materialien im Handel erhältlich (Brendow-Verlag). Am Ende bekommt jeder Besucher eine Karte der Skulptur ›Zuflucht‹ überreicht. (Postkarten ebenfalls beim Brendow-Verlag erhältlich.)

Begrüßung

[Zu Beginn des Gottesdienstes wird – wie immer – jeder Gottesdienstbesucher persönlich und per Handschlag begrüßt.]

Liebe Gemeinde!
Ich habe vor Beginn des Gottesdienstes jedem von Ihnen zur Begrüßung die Hand gegeben. Das ist eine Sitte seit alters her. Wenn ich jemandem die Hand gebe, drücke ich damit aus: Ich schätze dich. Ich freue mich, dass du da bist. Sei gegrüßt. Herzlich willkommen.
In unserem Gottesdienst heute soll auch von Händen die Rede sein. Von treusorgenden Händen. Von behütenden Händen. Von schützenden Händen. Von Händen, die für uns da sind. Die uns nah sind.
Von solchen Händen hat mir bei einem Besuch Frau M. ein Gedicht weitergesagt. Ich glaube, viele von Ihnen kennen es noch aus ihrer Kindheit und Jugendzeit. Es trägt die Überschrift: *Mutterns Hände. [Das Gedicht eventuell in hochdeutsch sprechen.]*

Hast uns Stulln jeschnitten
un Kaffe jekocht
un de Töppe rübajeschohm –
un jewischt un jenäht
un jemacht un jedreht …
alles mit deine Hände.

Hast de Milch zujedeckt,
uns bobongs zujesteckt
un Zeitungen ausjetragen –
hast die Hemden jezählt
und Kartoffeln jeschält …
alles mit deine Hände.

Hast uns manches Mal
bei jroßem Schkandal
auch'n Katzenkopp jejeben.
Hast uns hochjebracht.
Wir wahn Sticker acht,
sechse sind noch am Leben …
Alles mit deine Hände

Heiß warn se un kalt.
Nu sind se alt.
Nu bist du bald am Ende.
Da stehn wir nu hier,
und denn komm wir bei dir
und streicheln deine Hände.
(Kurt Tucholsky, 1929)

Liebe Gemeinde! So treusorgend wie *Mutterns Hände* sind auch Gottes Hände. Der Psalmbeter sagt das so: *Von allen Seiten umgibst du mich und hältst deine Hand über mir* (Psalm 139,5).

Lied: Gott des Himmels und der Erden (EG 445, 1-2+5-6)
Liedtext in »Kirchenjahresende: Eine Hand voll Erde«, S. 66)

Alternative: Wer unterm Schutz des Höchsten steht (GL 291, 1-3)

Psalm 139, 1-12.14

Herr, du erforschest mich und kennest mich.
Ich sitze oder stehe auf, so weißt du es;
du verstehst meine Gedanken von ferne.
Ich gehe oder liege, so bist du um mich und siehst alle meine Wege.
Denn siehe, es ist kein Wort auf meiner Zunge,
das du, Herr, nicht schon wüsstest.
Von allen Seiten umgibst du mich und hältst deine Hand über mir.
Diese Erkenntnis ist mir zu wunderbar und zu hoch,
ich kann sie nicht begreifen.
Wohin soll ich gehen vor deinem Geist,
und wohin soll ich fliehen vor deinem Angesicht?
Führe ich gen Himmel, so bist du da;
bettete ich mich bei den Toten, siehe, so bist du auch da.
Nähme ich Flügel der Morgenröte und bliebe am äußersten Meer,
so würde auch dort deine Hand mich führen
und deine Rechte mich halten.
Spräche ich: Finsternis möge mich decken
und Nacht statt Licht um mich sein –,
so wäre auch Finsternis nicht finster bei dir,
und die Nacht leuchtete wie der Tag.
Finsternis ist wie das Licht.
Ich danke dir dafür, dass ich wunderbar gemacht bin;
wunderbar sind deine Werke; das erkennt meine Seele.

Ehr sei dem Vater und dem Sohn und dem Heiligen Geist, wie es war im Anfang, jetzt und immerdar und von Ewigkeit zu Ewigkeit. Amen.

Gebet

Herr, mein Gott.
Du hältst deine Hände über mir.
Wie schön.
Ich darf mich geborgen fühlen in deinen Händen.
Ich weiß mich gehalten von deinen Händen.
Ich kann alles in deine Hände legen.
Danke, Gott,
dass du mein ganzes Leben und Sterben in deinen Händen hältst.
So geht nichts verloren.
Wie schön. Amen.

Lied: Ich steh in meines Herren Hand (EG 374, 1-3+5)

1.
Ich steh in meines Herren Hand
und will drin stehen bleiben;
nicht Erdennot, nicht Erdentand
soll mich daraus vertreiben.
Und wenn zerfällt
die ganze Welt,
wer sich an ihn und wen er hält,
wird wohlbehalten bleiben.

2.
Er ist ein Fels, ein sichrer Hort,
und Wunder sollen schauen,
die sich auf sein wahrhaftig Wort
verlassen und ihm trauen.
Er hat's gesagt,
und darauf wagt
mein Herz es froh und unverzagt
und lässt sich gar nicht grauen.

3.
Und was er mit mir machen will,
ist alles mir gelegen;
ich halte ihm im Glauben still
und hoff auf seinen Segen;
denn was er tut,
ist immer gut,
und wer von ihm behütet ruht,
ist sicher allerwegen.

5.
Und meines Glaubens Unterpfand
ist, was er selbst verheißen,
dass nichts mich seiner starken Hand
soll je und je entreißen.
Was er verspricht,
das bricht er nicht;
er bleibet meine Zuversicht,
ich will ihn ewig preisen.

(Text: Philipp Spitta 1833)

Alternative: Herr, dir ist nichts verborgen (GL 292, 1-3)

Ansprache

[Der Pfarrer geht vor Beginn der Ansprache mit der Figur ›Zuflucht‹ von Dorothea Steigerwald langsam von Besucher zu Besucher. Vor jedem verweilt er einen Augenblick und spricht: »Gottes Hände halten auch dich.« Danach steht die Plastik für alle sichtbar auf dem Altar.]

Liebe Gemeinde!
Die Figur, die ich ihnen gezeigt habe, stellt ein Kind dar. Es ist umfangen von zwei Händen. Von Gottes Händen. Sie bergen das Kind. Sie bieten ihm Schutz. Sie schenken ihm Geborgenheit. Sie geben ihm Wärme.

Die Figur strahlt Ruhe aus. – Andacht. – Frieden. – Das Kind ist ganz geborgen in Gottes Händen. In seinen behutsamen, schützenden Händen. Das Kind ruht förmlich in Gottes Händen. Es wird von Gottes Händen gehalten, getragen. Das Kind schmiegt sich in Gottes Hände hinein. In ihnen ist es behütet, beschützt, bewahrt. Wie ein wärmender Mantel, wie ein Schutzmantel, umgeben Gottes Hände das Kind. – Auch wir dürfen uns in Gottes Händen geborgen wissen.

[Der Pfarrer geht wieder mit der Figur langsam von Besucher zu Besucher und sagt: »Gottes Hände halten auch dich«.]

Der kleine Mensch in Gottes Händen – ein Bild des Friedens. Voller Trost. Auch wir können unser Leben in Gottes Hände legen. Gottes Hände umarmen uns, wenn wir Angst haben. Gottes Hände trösten uns, wenn wir traurig sind. Gottes Hände halten uns, wenn wir fallen. Gottes Hände segnen uns, wenn wir mutlos sind. Gottes Hände sind wie eine Decke, die uns umgibt und sanft umhüllt. – In Gottes Händen dürfen auch wir uns bergen.

[Der Pfarrer geht wieder mit der Figur langsam von Besucher zu Besucher und sagt: »Gottes Hände halten auch dich«.]

Gottes Hände umschließen das Kind. Sanft. Zärtlich. Nicht einengend. Gottes Hände sind offene Hände. Sie sind auch offen für uns. Und selbst wenn wir Gottes Hände nicht sehen, so können wir sie doch spüren. Sie umhüllen uns in Freud und Leid. In Gesundheit und Krankheit. In Not und Tod. Wir dürfen uns ihnen anvertrauen. In einem Gesangbuchlied, das Sie alle kennen, wird das so gesagt *(So nimm denn meine Hände,* EG 376, 3):

Wenn ich auch gleich nichts fühle
von deiner Macht,
du führst mich doch zum Ziele
auch durch die Nacht:
so nimm denn meine Hände
und führe mich
bis an mein selig Ende
und ewiglich!
(Text: Julie Hausmann 1862)

[Der Pfarrer geht wieder mit der Figur langsam von Besucher zu Besucher und sagt: »Gottes Hände halten auch dich.«]

Das Kind ist ganz mit Gottes Händen verwoben. Kind und Gott sind eins. Himmel und Erde berühren sich. Gott will auch uns berühren. Unser Schöpfer und Töpfer möchte uns nah, ganz nah sein. Er will uns seine Hände entgegenstrecken. Seine guten Hände. Seine segnenden Hände. Gott sagt: »Komm, mein geliebtes Menschenkind. Leg deine Hände in meine Hände. Ich werde dich führen. Durch alle Zeit und Ewigkeit. Meine Hände machen dein Ende zur Wende. Sie tragen dich durch den Tod hindurch. Ja, selbst im Tod halte ich meine Hände über dir. Und ich schenke dir das ewige Leben. Leben in meiner Nähe. In der Geborgenheit meiner Hände.«

Der Psalmbeter sagt das so: *Von allen Seiten umgibst du mich und hältst deine Hand über mir.* Amen.

[Der Pfarrer geht ein letztes Mal mit der Figur langsam von Besucher zu Besucher und sagt: »Gottes Hände halten auch dich.«]

Lied: So nimm denn meine Hände (EG 376, 1-3)

2.
In dein Erbarmen hülle
mein schwaches Herz
und mach es gänzlich stille
in Freud und Schmerz.
Lass ruhn zu deinen Füßen
dein armes Kind:
es will die Augen schließen
und glauben blind.

3.
Wenn ich auch gleich nichts fühle
von deiner Macht,
du führst mich doch zum Ziele
auch durch die Nacht:
so nimm denn meine Hände
und führe mich
bis an mein selig Ende
und ewiglich!

(Text: Julie Hausmann 1862)

Alternative: O Gott, streck aus dein milde Hand (GL 306, 1+3-4)

Fürbittengebet

Wir falten unsere Hände zum Gebet:

Wenn du deine vertraute Umgebung vermisst,
wenn dein Alltag sich verändert
und Menschen dir fremd erscheinen,
dann sei beschirmt und beschützt, denn
Gottes Hände halten dich.

Wenn deine Kräfte nachlassen
und vieles nicht mehr geht,
was früher selbstverständlich war,
wenn du lernen musst, fremde Hilfe anzunehmen,
dann sei gestärkt und mutig, denn
Gottes Hände halten dich.

Wenn du dich freust
über ein liebes Wort,
einen freundlichen Blick,
eine gute Tasse Kaffee,
dann sei glücklich und froh, denn
Gottes Hände halten dich.

Wenn du Angst hast vor dem, was kommt,
vor dem Leben,
vor dem Sterben,
dann sei getrost und gesegnet, denn
Gottes Hände halten dich.
Amen.

(In Anlehnung an ein Gebet von Sabrina Heinsdorff)

Vaterunser

Segen

[Der Pfarrer geht zunächst zu jedem Gottesdienstbesucher, legt ihm die Hand segnend auf die Stirn und spricht: »Sei gesegnet. Gottes Hände halten dich.« Danach spricht er das folgende Segenswort:]

In Gottes Händen seid ihr geborgen,
so war es gestern, so ist es morgen.
Und auch im Heute, bei jedem Schritt,
führt seine Hand euch und er geht mit.

So geht unter Gottes Hand mit seinem Segen
auf allen euren Wegen.

[Am Ende erhält jeder Gottesdienstbesucher eine Karte der Skulptur ›Zuflucht‹.]

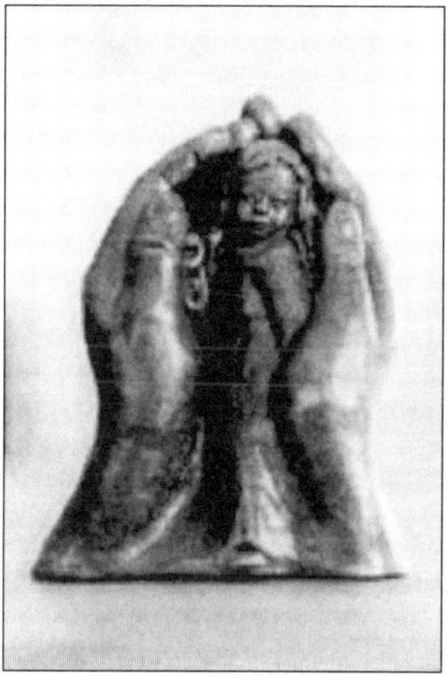

›Zuflucht‹ von Dorothea Steigerwald

Unser tägliches Brot gib uns heute

Vorbemerkung
Zur Begrüßung hält der Pfarrer ein großes Brot in Händen, das anschließend auf den Altar gelegt wird. Für alle gut sichtbar werden während der Ansprache – dem Text von Rudolf Otto Wiemer folgend – ein großes Brot, eine Tüte Mehl, eine Schale Körner, ein Getreidehalm und Erde gezeigt. Am Ende des Gottesdienstes werden das Brot geteilt und die Stücke an die Gottesdienstbesucher verteilt.

Begrüßung

Liebe Gemeinde!
Einen guten Tag Ihnen allen. Und einen schönen Gottesdienst. Herzlich willkommen. Ich freue mich, dass Sie da sind. Dass wir gemeinsam Gott loben und ihm danken können. Danken für seine Gaben, die wir durch ihn zum Leben haben. Zum Beispiel das Brot.
[Pfarrer zeigt ein großes Brot.]
Brot ist für uns ein ganz wichtiges Lebensmittel. Wir kaufen es jeden Tag. Wir essen es täglich. Morgens und abends. Und viele von Ihnen wissen noch aus schlechten Zeiten: Es ist nicht selbstverständlich, immer genügend Brot zum Leben zu haben.
Zum Beispiel im Jahr 1923. Damals waren Sie noch Kinder. In Deutschland herrschte Inflation. Die Preise für Lebensmittel waren unvorstellbar hoch. Der Vater ging noch am Zahltag mit seinem Lohn ins nächste Geschäft, um einzukaufen. Für ein Brot musste man im Dezember 1923 400 Milliarden Mark bezahlen. Viele Menschen waren damals verarmt, hatten kein Geld, mussten hungern.
Oder einige Jahre später. Anfang der 30er-Jahre. Da waren rund 6 Millionen Menschen in Deutschland arbeitslos. Die Männer standen Schlange vor den Firmentoren, um einen Arbeitsplatz zu bekommen. Und zu Hause hungerten die Familien. Brot gab es kaum.

Oder 1945: das Ende des 2. Weltkrieges. Die Trümmerfrauen räumten in den zerbombten Städten auf. Die Versorgung der Bevölkerung mit Lebensmitteln brach zusammen. Der Schwarzmarkt blühte. Brot gab es nur zugeteilt auf Lebensmittelkarten. Viele Menschen hungerten.
Liebe Gemeinde! Ich denke, viele von Ihnen haben das in Ihrer Kindheit und nach dem 2. Weltkrieg bitter erfahren müssen, was es heißt, Hunger zu haben. Kein Brot zum Essen zu haben. Daher wissen Sie, wie kostbar Brot ist. Daher schätzen Sie bis heute jede Scheibe Brot. Daher wissen Sie, wie wichtig im Vaterunser die Bitte ist: Unser tägliches Brot gib uns heute.

Psalm 145, 1.3.4.8.13-16

Ich will dich erheben, mein Gott, du König,
und deinen Namen loben immer und ewiglich.
Der Herr ist groß und sehr zu loben,
und seine Größe ist unausforschlich.
Kindeskinder werden deine Werke preisen
und deine gewaltigen Taten verkündigen.

Gnädig und barmherzig ist der Herr,
geduldig und von großer Güte.
Der Herr ist getreu in all seinen Worten
und gnädig in allen seinen Werken.
Der Herr hält alle, die da fallen,
und richtet alle auf, die niedergeschlagen sind.
Aller Augen warten auf dich,
und du gibst ihnen ihre Speise zur rechten Zeit.
Du tust deine Hand auf
und sättigst alles, was lebt, nach deinem Wohlgefallen.

Ehr sei dem Vater und dem Sohn und dem Heiligen Geist, wie es war im Anfang, jetzt und immerdar und von Ewigkeit zu Ewigkeit. Amen.

Lied: Wir pflügen und wir streuen (EG 508, 1-4)

2.
Er sendet Tau und Regen
und Sonn- und Mondenschein,
er wickelt seinen Segen
gar zart und künstlich ein
und bringt ihn dann behende
in unser Feld und Brot:
es geht durch unsre Hände,
kommt aber her von Gott.

3.
Was nah ist und was ferne,
von Gott kommt alles her,
der Strohhalm und die Sterne,
der Sperling und das Meer.
Von ihm sind Büsch und Blätter
und Korn und Obst von ihm,
das schöne Frühlingswetter
und Schnee und Ungestüm.

4.
Er lässt die Sonn aufgehen,
er stellt des Mondes Lauf;
er lässt die Winde wehen
und tut den Himmel auf.
Er schenkt uns so viel Freude,
er macht uns frisch und rot;
er gibt den Kühen Weide
und unsern Kindern Brot.

(Text: nach Matthias Claudius 1783)

Alternative: Gott liebt diese Welt (GL 297, 1-4)

Gebet

Herr, mein Gott.
Ich will dir heute dafür danken, dass du für mich sorgst.

Ich sage Danke für das tägliche Brot.
Du lässt das Korn dafür auf den Feldern wachsen.
Du schenkst dazu Sonne, Wind und Regen.
Ich sage Danke für das tägliche Wasser.
Es stillt meinen Durst und erfrischt meinen Körper.
Du, Gott, lässt es aus den Quellen fließen.
Ich sage Danke für die Menschen, die für mich da sind.
Es tut gut, zu wissen und zu spüren: ich bin nicht allein.
Auch du, Gott, bist für mich da und segnest mein Leben.
Ich sage Danke für alle Liebe, die mir geschenkt wird.
Sie ist eine lebenswichtige Zugabe zum Leben.
Du Gott bist die Liebe.
Amen.

Lied: Singet, danket unserm Gott (GL 277, 1-4)

1. Singet, danket unserm Gott, der die Welt erschuf.
Singet, danket unserm Gott und hört seinen Ruf.

2. Lobet täglich unsern Gott, der uns Leben gibt.
Lobet täglich unsern Gott, der uns alle liebt.

3. Danket gerne unserm Gott, er gibt Wein und Brot.
Danket gerne unserm Gott, Retter aus der Not.

4. Singet, danket unserm Gott, der die Welt erschuf.
Singet, danket unserm Gott und folgt seinem Ruf.

(Text: Kurt Rommel 1963.

Alternative: Ich singe dir mit Herz und Mund (EG 324, 1-2+4-5+8)

Ansprache

Liebe Gemeinde!
Von dem Dichter Rudolf Otto Wiemer gibt es ein schönes Gedicht mit dem Titel *Brot, wo kommst du her?*

Brot, wo kommst du her? *[Pfarrer zeigt ein großes Brot.]*
Ei, das ist nicht schwer:
Bin vom Bäcker kommen,
der hat Mehl genommen,
Mehl wohl 7 Lot –
und so bin ich Brot.

Mehl, wo kommst du her? *[Pfarrer zeigt eine Tüte Mehl.]*
Ei, das ist nicht schwer:
Bin vom Müller kommen,
der hat Korn genommen,

Korn wie Gold so gehl –
und so bin ich Mehl.

Korn, wo kommst du her? *[Pfarrer zeigt eine Schale mit Körnern.]*
Ei, das ist nicht schwer:
Bin vom Bauern kommen,
hat den Halm genommen,
Hälmlein aus dem Dorn –
und so bin ich Korn.

Halm, wo kommst du her? *[Pfarrer zeigt einen Getreidehalm.]*
Ei, das ist nicht schwer:
Bin vom Würzlein kommen,
hat mich mitgenommen
aus der Erde Schoß –
und so wuchs ich groß.

Erde, Sonne, Meer, *[Pfarrer zeigt noch einmal das Brot.]*
sprecht, wo kommt ihr her?
Sind von Gott gekommen,
dass für alle Frommen
wachse Brot im Land,
Brot aus Gottes Hand.

Liebe Gemeinde!
Brot – Mittel zum Leben aus Gottes Hand. ER ist es, der das Korn wachsen lässt. ER ist es, der Sonne, Wind und Regen dazu gibt. ER ist es, der uns Menschen die Ernte der Felder schenkt. Damit wir genügend Brot haben. Damit wir genügend zu Essen haben. In unserem Lied zu Beginn hieß das so:

Wir pflügen, und wir streuen
den Samen auf das Land,
doch Wachstum und Gedeihen
steht in des Himmels Hand.

Liebe Gemeinde! Auch Jesus hat von sich gesagt: »*Ich bin das Brot des Lebens*« (Johannes 6,48) Jesus wusste, wie wichtig Brot ist. Brot zum Essen. Brot zum Leben. Brot für den Körper und Brot für die Seele. Darum hat Jesus Brot an Menschen verteilt. Darum hat Jesus am letzten Abend seines Lebens beim Abendmahl seinen Jünger das Brot gebrochen mit den Worten: Nehmet hin und esset; das ist mein Leib.
So ist bis heute das Brot ein wichtiges Mittel zum Leben und ein wichtiges Zeichen des Glaubens. Des Glaubens an Jesus Christus, der von sich gesagt hat: »*Ich bin das Brot des Lebens.*« In seinem Namen sind wir hier zusammen. In seinem Namen wollen wir gleich miteinander Brot teilen: Als Zeichen der Liebe Gottes. Als Zeichen des Dankes an Gott. Als Zeichen des Friedens mit Gott.

[Während der Organist ein meditatives Orgelstück spielt, erhält jeder Gottesdienstbesucher ein Stück Brot gereicht mit den Worten: »Nimm hin und iss. Brot des Lebens. Für dich. Von Gott.«]

Lied: Im Frieden dein, o Herre mein (EG 222, 1-3)

1.
Im Frieden dein, o Herre mein,
lass ziehn mich meine Straßen.
Wie mir dein Mund gegeben kund,
schenkst Gnad du ohne Maßen,
hast mein Gesicht das sel'ge Licht,
den Heiland, schauen lassen.

2.
Mir armem Gast bereitet hast
das reiche Mahl der Gnaden.
Das Lebensbrot stillt Hungers Not,
heilt meiner Seele Schaden.
Ob solchem Gut jauchzt Sinn und Mut
mit alln, die du geladen.

3.
O Herr, verleih, dass Lieb und Treu
in dir uns all verbinden,
dass Hand und Mund zu jeder Stund
dein Freundlichkeit verkünden,
bis nach der Zeit den Platz bereit'
an deinem Tisch wir finden.

(Text: Friedrich Spitta 1898)

Alternative: O wunderbare Speise auf dieser Pilgerreise (GL 503, 1-4)

Fürbittengebet

Herr, unser Gott.
Du schenkst uns das Brot,
Frucht des Feldes, Gabe aus deiner Hand.
Wir bitten dich:
Lass es nicht nur Brot für uns sein, sondern Brot für die Welt.

Herr Jesus Christus.
Du hast von dir gesagt: Ich bin das Brot des Lebens.
Das stimmt.
Deine Taten waren wie Brot für die Körper der Menschen.
Deine Liebe war wie Brot für die Seelen der Menschen.
Deine Worte waren wie Brot für die Herzen der Menschen.

Auch wir haben heute miteinander Brot geteilt.
Brot, das uns zur Gemeinschaft mit dir, Herr Jesus, zusammenschließt.
Brot, das uns deine Liebe auf der Zunge spüren lässt.
Brot, das uns deinen Frieden in den Mund legt.
Hab Dank dafür.
Amen.

Vaterunser

Segen

Der Herr segne euch und er behüte euch.
Der Herr lasse leuchten sein Angesicht über euch
und sei euch gnädig.
Der Herr erhebe sein Angesicht auf euch
und gebe euch Frieden.
Amen.

Textnachweis

(1) Jan Wojnar: Die Welt der Demenzkranken, Leben im Augenblick, Hannover 2007, S. 18.

(2) Katharina Wiefel-Jenner: Ein Zeugnis der Hoffnung geben, Seelsorgerliche Begleitung demenziell erkrankter Menschen in diakonischen Pflegeeinrichtungen, in: Dt. Pfarrerblatt 1/2008, S. 20.

(3) Michael Schibilsky: Was macht die Würde des alten Menschen aus, in: Seelsorge im Alter, hrsg. von Susanne Kobler-von Komorowski u. Heinz Schmidt, Heidelberg 2005, S. 29.

(4) Jan Wojnar: a. a.O., S. 69.

(5) Ruben Zimmermann: Seelsorge mit altersverwirrten Menschen, in: Berliner Hefte für die evangelische Krankenhausseelsorge 66, 1999, S. 19.

(6) Christel Ludwig: Seelsorgerliche Begleitung demenziell erkrankter Menschen in diakonischen Pflegeeinrichtungen, in: Komm mal mit, Demenz als theologische und kirchliche Herausforderung, hrsg. von Geertje-Froken Bolle, Wittingen 2006, S. 95.

(7) Regine Keetmann/Urte Bejick: Verwirrte alte Menschen seelsorglich begleiten, in: Seelsorge im Alter, hrsg. von Susanne Kobler-von Komorowski u. Heinz Schmidt, Heidelberg 2005, S. 140.

(8) Felizitas Muntanjohl: Mit dementen Menschen Gottesdienst feiern; Vortrag auf dem 2. Internationalen Kongress für Altenheimseelsorge in Karlsruhe vom 9.–11. Oktober 2006, S. 1.

(9) http://www.tag-des-herrn.de/artikel/2134.php

S. 151: © by Joh. Brendow & Sohn Verlag GmbH, Moers. Plastik von Dorothea Steigerwald, Motiv: Zuflucht.

S. 156: Rudolf Otto Wiemer: Brot, wo kommst du her? Aus: Werkblätter für Fest und Feier 4, Deutscher Theaterverlag, Weinheim, © Rudolf Otto Wiemer Erben, Hildesheim.